EL
ÁLTAR
DEL
PERRO

EL ALTAR DEL PERRO

MANDUTRE

Número de Control de la Biblioteca del Congreso de EE. UU.:   2012905215
ISBN: Tapa Blanda   978-1-4633-2380-6
                   Libro Electrónico   978-1-4633-2379-0

Este Libro fue impreso en los Estados Unidos de América.

Imágenes de la portada y contraportada:
Rocío Verduzco Viñas, "Tariqa Diseño Gráfico"

Revisión final
Carlos Tena Sánchez, "Ediciones Mansur"

Para pedidos de copias adicionales de este libro, por favor contacte con:
Palibrio
1663 Liberty Drive
Suite 200
Bloomington, IN 47403
Llamadas desde los EE.UU. 877.407.5847
Llamadas internacionales +1.812.671.9757
Fax: +1.812.355.1576
ventas@palibrio.com
399893

Índice

Prólogo

"La vida da muchas vueltas", dice un antiguo refrán. Y a lo largo de esas volteretas existenciales, conocemos a muchas personas, las cuales dejan una huella más o menos profunda en nuestra vida.

En el "Altar del perro", Mandutre nos expone algunas de las consecuencias de un grave problema social: la pobreza. Muchas mujeres, en estado de indefensión, se ven obligadas a prostituirse para obtener dinero y, así, satisfacer sus necesidades básicas y sus deseos más personales.

La belleza de algunas de estas mujeres es la llave que les permite acceder a un mejor nivel de vida. Su conciencia moral se ve disminuida ante la necesidad, la cual es aprovechada por hombres que tienen los recursos económicos suficientes para comprarles momentos de compañía y placer.

En este intercambio comercial, dinero por placer físico, podemos observar distintas conductas, algunas morales y otras no tanto, que reflejan la naturaleza humana.

A lo largo de la obra, el autor nos hace reír, sentir indignación, excitación y hasta ternura. Lorena, Juanita Raúl y Mary, entre otros personajes de la vida real tabasqueña, luchan por sobrevivir, disfrutando y sufriendo esta batalla diaria.

Ni ángeles ni demonios, sólo personas enfrentadas a su condición existencial humana, escapando de su soledad y sufrimiento a través de todo tipo de relaciones interpersonales.

Estimado lector, sírvase una copa, y en compañía de alguna otra persona, dispóngase a disfrutar con las correrías que Mandutre relata en este volumen de valor indescriptible.

1

Lorena

Le había prometido a Lorena que hoy instalaría la repisa en la pared del patio de la casa y le colocaría la imagen de la virgen de Guadalupe para iniciar los rezos en agradecimiento de que se había salvado de morir "Paquita", su perrita orejona que dormía junto a ella, desde que su mamá murió atropellada frente a la casa, cuando salía a recibirla.

Lorena dormía además con los tres doberman, el terrible rod-wiser, el galgo afgano y los tres perros callejeros que habíamos recogido enfermos durante nuestros viajes a Tampico, Poza Rica y Reinosa.

Con Lorena tengo que estar pendiente, porque si se encuentra un gorila que esté enfermo, se lo lleva a la casa y se duerme con él para que no tenga frio y esté contento.

Así es que hoy debería estar el "Altar" listo para iniciar los rezos con la presencia de los familiares y de todos los animales de la casa, incluyendo los cinco loros: Pedrito, Juanito, Eduardito, Moisés y Guillermito, los nombres no son por casualidad, sino que están relacionados con personas muy especiales en la vida de Lorena.

Creo que también sus tres gatitos o gatitas tienen sus nombres especiales, hasta un cocodrilo que llegaba por la laguna hasta la orilla del patio buscando a los pollos y patos de la casa le puso de nombre "Garfio " y quiso adoptarlo, pero cuando se desapareció uno de sus perros más queridos y sospechó que el cocodrilo se lo había comido, tuvo que poner barda y levantar el piso del patio con acabado de cemento, lo cual a la vez creó un bonito espacio para fiestas y bailes por cualquier aniversario.

Precisamente hoy que se va a iniciar los rezos para agradecerle a la virgencita de Guadalupe que haya salvado a "Paquita" de morir, gracias también a la intervención del "mejor veterinario de la ciudad", que tiene una estrecha y afectiva amistad con Lorena a quien considera la mejor y más bonita de sus clientes a tal grado que ya no le cobra, esperando que ella le pague cuando pueda con "tarjeta de crédito" o "cuerpo mático" y está tan interesado en la salud de los animales que no solo le da directamente la medicina, sino que también le da dinero para que les compre sus alimentos y de paso algunas cosas que a ella le falte.

Perdón, me salté y no les dije que hoy celebramos también el primer año de su "sobrinito", hijo de su atlético y fisicoculturista hermano Germán.

Recuerdo muy bien cuando conocí a Germán, estaba terminando sus estudios de computación como "Técnico programador", tenía poco tiempo de haber conocido a Lorena, su bella hermana, joven, delgada, con hermosos ojos brillantes y una sonrisa espontánea en cualquier ocasión.

Todo sucedió en forma espontánea y de inmediato; salía del hospital después de una consulta con el urólogo debido a que últimamente la próstata me estaba fallando y era necesario viajar a México para ser operado. Estaba lloviendo y abrí el paraguas y empecé a caminar por donde estaba mi carro estacionado, había caminado unos cuantos pasos cuando dos jóvenes casi niñas, se cobijaron de la lluvia bajo mi paraguas, me tomaron del brazo y sonriendo con alegría me dijeron: "Señor, no se moleste, permítanos cobijarnos mientras disminuye la lluvia, vamos aquí cerca, mi amiga vino a ver a su papá que es doctor aquí en el hospital y la estoy acompañando, si quiere luego me lleva a mi casa".

La verdad me quedé asombrado: la niña que me hablara era verdaderamente bella, y yo, un hombre ya grande que tenía problemas afectivos desde hacía muchos, muchos años.

Caminamos todos sonriendo hacia mi carro, al llegar a él, su amiga le dijo: yo me quedo aquí, voy a ver a mis compañeros que están aquí cerca para ver qué onda para la noche, aunque tenga que escaparme por la ventana como la vez pasada. Bay, nos dijo, y salió corriendo, creo que apenas tendría trece años, nuca más la volví a ver, aunque supe apenas que ella y su hermana le amargaban la vida a su papá, prostituyéndose para comprar drogas, la repetida historia de incontables familias.

Lorena subió al carro, yo aún tenía que pasar a mi oficina para ver si no había ningún problema y le dije si quería acompañarme antes de llevarla a su casa, llegamos al estacionamiento y antes de bajar me dijo que quería conocer mis oficinas, acepté y la llevé, la presenté con algunos compañeros, que me hacían señas que estaba bien. Guardé los oficios que tenía sobre mi oficina, la levanté de la computadora donde ya estaba jugando y salimos para llevarla a su casa.

En el camino me dijo que ella no tenía prisa en llegar a su casa, porque nadie la estaba esperando y que le gustaba estar conmigo ¿cuántos años tienes? Le pregunté, acabo de cumplir los 18 me dijo, lo cual no era cierto, como después lo supe.

No lo creí, pero lo acepté. ¿Te puedo llevar a un motel? Le pregunté nervioso, esperando su respuesta. Sí, pero que tenga jacuzzi porque me gusta jugar en él. De inmediato me imaginé a una niña jugando en su alberquita de plástico con un patito. Me equivoqué, le gustaba hacer burbujitas al chuparme el miembro.

Aunque yo no tenía ningún compromiso, porque mi esposa y yo estábamos separados -hasta de ciudades- siempre extraño mi departamento y sobre todo, mi tranquila recámara, por lo que le dije que ya nos íbamos a ir del motel, pero que pasaríamos a comprar algunas cosas que necesitara; su respuesta me sorprendió… después de mis animales está la gente y si tú me ayudas a comprarles sus alimentos no habrá nadie después de ti.

Pasamos al supermercado a comprar alimentos para perros, gatos, loros, canarios, patos y pollos. Y algunas cosas más para ella: champú, crema, pasta para dientes, jabones, verduras y fruta, no grasas ni azucares, porque su dieta y ejercicios gimnásticos no le permitían descuidar su hermosa figura: cintura delgada, busto redondo y firme, piernas largas y nalgas duras y esos tiernos gemidos de niño amamantándose al hacer el amor. El gasto total se me hizo poco, comparado con la ternura y placer recibido.

En el transcurso a su casa me enteré que no conocía a su papá y que su mayor deseo había sido conocerlo desde que era pequeña. Después de algunos años, a través de algunos familiares, se enteró que su papá vivía casado y con hijos en Tulancingo y, aunque su mamá no estaba de acuerdo, decidió ir a verlo… y lo encontró, cargando con mas sufrimientos, como se enterarán más adelante.

Le di mi teléfono y me dio el suyo para que nos comunicáramos, pensé que iba a pasar mucho tiempo, pero al otro día que era viernes, me habló, que si quería ir con su mamá a la "disco" y le dije que sí, siempre y cuando ella estuviera conmigo.

Me dijo que era obvio, pero quería que atendiera a su mamá para que dejara de estar molesta con ella. Cuando fui por ellas, Lorena vestía un traje de color verde ajustado al cuerpo con escote en V y una hermosa cadena, grandes arracadas y una cabellera rubia, abundante, con ligeras ondulaciones: se veía preciosa.

Su mamá vestía una combinación de blusa y falda negra aterciopelada, en el cuello llevaba como tres cadenas de oro y las dos manos llenas también de brillantes anillos. No pude entrar a la casa por los perros y la tuve que esperar en el carro sin bajarme. Cuando entraron al carro la mamá me lleno de lisonjas y zalamerías que me avergonzaron un poco; ¡qué guapo está! ¡Qué bonito está su carro! ¡Usted es una gran persona! Gracias, muchas gracias, el carro está a sus órdenes.

En ese tiempo estaba de moda un antro donde se bailaba música de bandas famosas: Los Temerarios, Tigres del Norte… Cuyo nombre estoy tratándome de acordarme porque fue un "antro" donde se definieron acontecimientos muy importantes y que han sido definivos para mi forma actual de vida y de los años pasados.

Ya me acordé se llamaba el… se me fue de nuevo su nombre, ya tiene un tiempo que me olvido con facilidad de lo que quiero recordar y de repente me viene a la mente su nombre, espero que no sean principios de Alzhéimer, ese doctor alemán que quiere ser de la familia.

Esa noche tomamos bastante cerveza y tequila todos, bailé mucho con Lorena quien llamaba la atención por su belleza, su mamá bailo conmigo, me dijo que le gustaba mucho, luego afortunadamente encontró un conocido y se puso a bailar con él. Ella empezó a difundir entre las mesas vecinas que yo era un acaudalado contratista, que me había casado con Lorena y que acabábamos de regresar de luna de miel de Cancún. No sé cómo pero de repente vi a Lorena subirse a donde estaba tocando el conjunto, "Los Norteños", que tenia a un cantante joven y guapo, con quien Lorena empezó a bailar una "quebradita" que por poco se convierte en "quebradota" porque al bailar hacía atrás perdió el equilibrio salvándose de caer porque los del conjunto la agarraron casi en el aire.

No se espantó ni afligió para nada, me buscó en la mesa, y me llevó a la apretada pista para seguir bailando. Salimos en la madrugada, con nuestros sombreros vaqueros que habíamos comprado.

El carro estaba al fondo del estacionamiento, en un lugar oscuro, y cuando llegamos estaban esperándonos los conocidos con quien nos habíamos divertido bailando y de inmediato se dirigieron a mí: hola ingenierito, lo vamos alivianar con la cartera y las joyas de las damas, y no se ponga al pedo, porque aquí mismo, lo rechingamos junto con sus putas.

Casi sin poder hablar sólo les dije: no hay pedo, llévense todo lo que quieran, también las joyas, ¿verdad señora? Claro que si ahorita nos las quitamos, respondió ella. Rápido pendejas que no estamos jugando, y calladitas si quieren volver a bailar. Y tú, pinche ingenierito, a ver si te buscas unas menos putas, estás ruco pero puedes encontrar algo mejor.

Muertos de la risa se subieron a un bocho blanco y a la salida todavía saludaron al vigilante. Tardamos casi una hora callados buscando las llaves que amistosamente las habían tirado al monte, ya casi amanecía y teníamos hambre y nos fuimos a comer tacos al "Asador", pero al llegar vimos al "bocho blanco" y a los que nos robaron adentro del local cenando y tomando cervezas.

Más rápido que se los cuento, las llevé a su casa, me despedí y pasaron tres meses para que volviera a ver a Lorena ya que una semana antes que la busqué hablé por teléfono con su mamá y me pidió que fuera a su casa porque tenía algo importante que decirme.

Yo fui porque tenía ganas de ver Lorena, pero no me fue posible porque andaba paseando con un contratista amigo mío a quien se lo había presentado estando desayunando en un VIPS al poco tiempo de haberla conocido. No me quedó más remedio que aceptar mi regalo de consolación: su apasionada, y ardiente madre, que me hizo creer que no había otro como yo en cuestiones de sexo.

Lorena me habló al otro día que estuve con su mamá para agradecerme que la había invitado a pasear y decirme que iba a festejar sus 18 años, que le ayudara a preparar la fiesta, sencilla sin lujos ni muchos gastos, quería que fueran mis amigos de la compañía para presentarles unas amigas muy guapas y querendonas.

Acepté y hable con dos de mi mejores cuates para que me ayudaran a organizarla, cada quien consiguió a varias amigas para que también fueran a la fiesta y la programamos para el viernes después del 15 para que tuviéramos más dinero y pudiera seguir todo el fin de semana. Un amigo contratista que vivía soltero prestó su casa ubicada a la orilla de la laguna, con cinco recámaras, una gran sala para bailar y alberca recién limpiada con agua transparente.

El día de la fiesta la casa estaba llena de amigos y amigas, todas fiesteras y aventadas.

Lorena llegó con un vestido negro de satín, pegado al cuerpo, con delgados tirantes y los senos casi de fuera, firmes y redondos, el vestido era largo y con su cabello agarrado con una diadema y bucles sobre el rostro, parecía una princesa de verdad. Con ella llegaron también dos lindas jóvenes que parecían hermanas, también delgadas y sonrientes. Cuando se las presenté a los invitados, se quedaron callados con la boca abierta. Sabían que tenía amigas pero no tan especiales.

De inmediato el diablo se interpuso entre Lorena y yo, al saludar a mi amigo Raúl, a quien le había presentado la vez que la conocí y la llevé a la oficina, me di cuenta que Cupido estaba haciendo su labor abiertamente, él la tomó de las manos y la beso en la mejilla como viejos amigos, al darse cuenta ella, que me estaba dando cuenta de su gran interés por él, de inmediato me presentó a una de sus bellas amigas y le recomendó que me atendiera lo mejor posible, acepté de inmediato, la deje que se divirtiera con Raúl, y no me despegué de Isabel hasta que amaneció y nos tuvimos que levantar de la cama para bañarnos, pegados como perros en brama.

Habíamos planeado ir a la playa con Lorena y Raúl que aun estaban dormidos en la otra recámara. Nos vestimos y fuimos a tocarles para que se levantaran. Afuera sólo estaba el jardinero que recogía hojas en la alberca con una que otra pantaleta olvidada.

Raúl manejaba una suburban blanca, con clima y tres filas de asientos, con bolsas de botanas y cajas de cerveza congeladas. Nos fuimos a Miramar para pasar ahí la noche del sábado, rentamos una cabaña con todos los servicios, compramos pescado frito, mariscos: camarones y ostiones, nos pusimos los trajes de baño.

Todos empelotados en la misma habitación, bromeando, agarrándonos las nalgas y riendo, no quisimos ir al sol y nos quedamos los cuatros encuerados, botaneando y tomando cerveza con tequila.

Sin decir nada me acosté junto a Lorena, mientras Raúl abrasaba a Isabel en la orilla de la cama, estábamos besándonos Lorena y yo, cuando escuchamos los gemidos de Isabel y los violentos suspiros de Raúl. Sin decir nada se metió debajo de la sábana y, mientras le acariciaba las nalgas a Raúl, me chupaba el pene.

Esa tarde ya no fuimos a la playa nos quedamos dormidos los cuatros empiernados hasta la mañana del domingo, todos olíamos a sudor y a sexo y nos había dado más hambre, aún desnudos nos bañamos por parejas porque no cabíamos los cuatros en el baño, abrimos latas, hicimos sándwiches y nos pusimos a desayunar, mas tarde nos metimos al mar, dormimos un rato más y luego regresamos a la ciudad. Fue un cumpleaños inolvidable para Raúl y para mí. Desde esa fecha se quedó con Lorena y yo con Isabel, aunque algunas veces hacíamos el amor intercambiando parejas.

Todo este desorden moral, todos estos actos sin sentimientos, quizá pueda ser explicados por un psicólogo que esté cuerdo y tal vez los justificaría porque todos teníamos a quien amar y la respuesta era negativa: nadie nos amaba. Veamos el caso que más conozco: Lorena, vayamos a su origen y formación, a su madre sólo le interesaba por lo que pudiera aportar para su bienestar.

Lorena nació de una segunda unión, después de que su madre abandonó a su esposo y tres hijos por irse con otro hombre; chofer de camiones distribuidores (trailero) en toda la república, sin base fija en ningún lugar, claro que el hombre la dejó, no era una una blanca paloma.

Era un miserable alcohólico mantenido, que en cuanto se sintió sin el mantenimiento diario de la mujer que trabajaba de cocinera en un restaurante y que además tenía que lavar y planchar ropa ajena, aún cuando no pudiera mover los brazos por las patadas que recibía del hombre de la casa, agarró al hijo más pequeño, para regalárselo al dueño de la cantina con la condición que le diera crédito para tomar. Este fue el primer hombre que tuvo que abandonar, le faltaba abandonar unos más, ya con hijos: Lorena y Carlos.

Lorena, no conoció a su papá, apenas iba a cumplir un año y su madre solamente lo veía una vez al mes, según el porqué los viajes que hacia tenían rutas que no tocaban a la ciudad donde vivía, ella vivía cuidando a la vieja abuela, que también no veía a su nieto, casado y con hijos en un pueblo muy cercano.

No fue para la mamá de Lorena difícil enterarse de su conflictiva situación, por lo que después de los reclamos correspondientes y de recibir una golpiza por su injusta acusación, tomó a sus dos hijos con la poca ropa que tenia, le robó a la abuela el poco dinero que tenía guardado y se regresó a esta ciudad a pedir posada a su madre, quien sin ningún recurso, viviendo en un jacal a la orilla de la laguna la recibió y la ayudó a invadir un territorio federal para que poco a poco fuera construyendo su casita a puros palitos, como la famosa artista del siglo pasado María Félix que compraba sus abrigos de pieles con los palitos que se echaba, sobre todo con "Agustín Lara, Jorge Negrete", y otros cantantes y mariachis.

A los trece años Lorena también ya ayudaba a la construcción de la casa y al mantenimiento de sus seres más queridos: perros, gatos y aves.

Amaba a sus perros porque de ellos recibía el cariño que necesitaba.

De su amiga Isabel, sólo sabía que se había enamorado de un joven apuesto, maleante y sin trabajo, que la embarazó y la dejó con un niño que cuidaba su mamá mientras ella trabajaba de recepcionista (por su distinguido porte) en unas oficinas de gobierno. Lo demás era complementar, los viernes en la disco con algún amigo ocasional, o en un festejo como el que habíamos tenido.

Raúl, ingeniero, inteligente y responsable, trabajaba con éxito en PEMEX, tenía una pareja mayor que él, había sido casada y tenía una niña adolescente a quien cuidaba como una verdadera hija. Su pasión era mantenerse en forma y hacia mucho deporte, principalmente corriendo para participar en maratones tanto en la ciudad como a nivel nacional y extranjero. Ya en una ocasión había concursado en el maratón de New York. Con su cara de niño bueno conquistaba fácilmente, pero con su eyaculación precoz las decepcionaba.

Yo, con veinte años de casado, contratista de obras, principalmente con maquinaria pesada y venta de materiales de construcción, con bancos de materiales propios, me mantenía en un nivel social y económico de buen nivel, aunque no tuviese ni para pagar a mis empleados la semana, porque el gobierno pagaba las estimaciones hasta con seis meses de atraso.

Mi esposa era gorda, exigente y constantemente se iba largas temporadas con sus papás, porque no podía estar lejos de sus familiares, quienes la seguían viendo como la hija única y consentida. Aunque aquí podía atenderse, cualquier achaque necesitaba atención especial en México y yo la comprendía porque tenía 20 años tratándose médicamente para tener un hijo.

Yo le decía que ya se olvidara de tenerlo y que adoptáramos uno, pero nunca aceptó. Ahora sí está enferma del corazón: no puede bajar y subir escaleras, y hacer el amor la pone tan mal, que me da miedo que se muera.

Afortunadamente ya estoy diabético, la libido me ha disminuido y me cuesta trabajo la erección, por eso ya vivo con Lorena.

Ella se encarga de estimularme y nuestras relaciones son alegres y agradables aunque no logre bien una erección o eyaculación, juntos nos divertimos en todo, viaja conmigo a cualquier parte del país que necesite para buscar obras, me ayuda a manejar, me recuerda tomar mis medicinas y, de vez en cuando, se acuesta con mis socios para facilitarme los tramites de obras y créditos. Ella cree que no me doy cuenta, pero en mi relación manejo el afecto, el cariño y la alegría de vivir, no el amor posesivo, es decir me ubico.

Ella seguirá siendo joven cuando yo muera, no puedo cancelar su juventud, ni ir en contra de la naturaleza, se que tiene el alma y la voluntad inestable y cree firmemente que el sexo sirve para obtener bienes y que para ella es una arma única para sobrevivir, desde que era niña, y piensa que a mí no me hace ningún daño, si no que al contrario cree que está ayudando para que gane más, o bien sabe que no tengo lo suficiente para sostenerla y sin decirme nada busca cómo completar su gasto diario, principalmente la alimentación de sus diversos animales caseros, sus mascotas según ella: perros con abrigos y suéteres cuando hay frio(casi nunca).

Gatos que maman de la perra, patas que viven con el gallo, pericos que le gritan pendejadas a su doberman negro que duerme con ella y que la cela como si fuera su amante, a tal grado que al salir con el a la puerta de la casa con un amigo al darle un abrazo de despedida, el perro le mordió una nalga y pierna que lo mando a curaciones al hospital. Ya lo había metido en problemas con un vecino, que se paró junto a ella en la banqueta para darle una información y al despedirse de mano el perrito le mordió el brazo, la mordida fue tan fuerte que a la fecha el dedo índice no lo puede doblar y en todos lados anda señalando a las personas y objetos sin remediarlo.

Pensarán que exagero, pero no es así. En cada viaje que hacemos, cualquier animal, perro, gato, pájaro que vea abandonado, sarnoso y enfermo lo recoge, lo trae a su casa, lo cura y se queda con él y esto ha sido por años, gracias a que la naturaleza es sabia y misericordiosa, su casa está junto a la laguna donde hay cocodrilos(aunque no lo crean), uno de ellos que llega a su patio y no lo ha podido domesticar, se encarga de desaparecer a uno que otro perro o gato dormilón perezoso que esté junto a la laguna.

Hay muchas cosas que contar de mi bella Lorena, por lo pronto les diré que se fue a visitar a su papá porque se enteró que estaba enfermo. Yo la llevé a México donde mi esposa vive con su mamá, sin darse cuenta ambas que el tiempo ya pasó y que no habrá hijos, ni nietos. No quiero ni he deseado dejarla, con todas las dificultados que la vida tiene, estoy seguro que es la única mujer que siempre me ha querido y que en un tiempo no solo me amó si no que me adoró al igual que yo a ella, su belleza fue mi orgullo desde joven, sus grandes ojos negros, sus increíbles pestañas que podían sostener no solo un palillo, sino que también un cigarro, sus arqueadas y tupidas cejas negras, su ovalado rostro de gitana, su piel de color de mármol, sus manos con finos y largos dedos parecían de una virgen abrazando al niño dios.

Muchos años fuimos felices, nos besamos desde el amanecer, hicimos el amor en cualquier lugar, en cualquier posición, con el dulce pretexto de lograr un embarazo, hasta que perdió la esperanza, y el amor y el sexo perdieron su magia al cerrarse las puertas de la maternidad.

Nos seguimos queriendo, nos seguimos apoyando, pero su tristeza se fue convirtiendo en suspiros y silencio. Intentamos muchas veces cambiar la situación y darle a nuestra vida más alegría, nos relacionamos fuertemente con matrimonios afines a nosotros y tuvimos vivencias divertidas, alegres en paseos familiares y viajes de vacaciones juntos repitiendo por un tiempo nuestro fogoso amor olvidado, pero al final todo se desmoronó, los cumpleaños de niños, los festejos escolares que daban alegría a las otras mamás, a ella le causaban llanto y tristeza personal, no porque las demás madres fueran felices, sino porque ella no tenía a una niña o un niño a quien vestir y con quien retratarse y regresar sonriente a la casa.

Se fueron destruyendo más los fuertes lazos que nos unían. Primero empezó con ella: soy una inútil, no puedo darte ni siquiera un hijo que te diga "papá" mejor sería que me dejaras y te fueras a buscar a alguien de la calle que si pueda darte un hijo.

Después empezó a descargar su ira por la frustrada maternidad, empezó a reclamarme que siempre llegaba tarde, que nunca estaba en la casa, que siempre agarraba de pretextó al trabajo para no estar con ella en la casa, aunque bien que mi trabajo de contratista de obras me obligaba a comer o cenar con altos dirigentes de las principales empresas para lograr que me permitieran concursar y en algunas ocasiones, previo el adelanto en efectivo del 10% (diez por ciento del costo total de una obra). Lograr conocer el presupuesto interno de la empresa para poder cotizar a lo seguro.

Pero en fin, esto era parte del trabajo independientemente de los tratos con el amafiado sindicato, los créditos bancarios y las casas prestamistas sobre montos de trabajos ya estimados.

No quiero desviarme más, sólo quiero aclarar los motivos reales de mi ausencia en la casa, lugar que siempre fue mi refugio, aunque al llegar tuviera que soportar regaños, ofensas y cucharas y sartenes apuntando a mi persona.

Estas condiciones se convirtieron en la forma de vivir y, aunque mi deseo era hacer el amor con mi esposa, se incrementaron sus cansancios, dolores de cabeza, arritmias, tos, mareos, dolores musculares que finalmente terminaron afectando su dolorido corazón de madre amorosa, que no tuvo la dicha de darle los senos de su marido a un tierno niño llorón.

Durante su menopausia tirana y hostil, conocí a mi bella Lorena, que no conocía las siguientes palabras: virtud, virginidad, pudor. Ella podía acostarse en la mañana con su adorado novio y en la noche platicarme que había quedado con ganas de hacer el amor pero en forma completa, con todos los sentidos: vista, tacto, olfato, oído y principalmente el gran sentido del gusto que daba placer completo a la pareja y no con su "bebé" que ni mamar una chiche sabía, menos morderle y chuparle su agridulce clítoris.

Mi vida cambió, no me pidió nada especial como dejar a mi esposa. Únicamente que la llevara conmigo a todos los lugares a que viajará, con ropa bonita y moderna y que le ayudara con el alimento de sus animales.

Siempre crecí con espíritu infantil, a la fecha me siguen gustando las caricaturas de la televisión, voy a los circos con ella cuando llegan a la ciudad y me gustan las fiestas infantiles con globos, piñatas y pastel. Desde chico tuve mascota de diferentes tipos, mi papá fue muy tolerante conmigo y me llevaba a visitar las obras que estaban construyendo y me dejaba juntar arañas, lagartijas, gatos, pájaros y, cuando llegamos a esta zona tropical, vivió con nosotros un "mono" saraguate que tenía un vecino.

Creo que este gusto por los animales fue lo que más me unió a ella, sobre todo cuando me dijo que me iba a regalar una "ranita" que tenia entre las piernas. A la fecha esa "ranita" es mi mayor felicidad porque para acariciarla tengo que recorrer los valles, montañas y misteriosos lugares escondidos en la geografía de su cuerpo.

Ella siguió creciendo con más belleza pero no mas inteligencia, yo seguí envejeciendo, con mas enfermedades y deterioro, arritmias cardiacas, diabetes y operación de próstata que por poco me deja lisiado sexualmente, pero nada de eso le afecto en su forma de tratarme, al fin y al cabo solamente era un perro callejero enfermo que necesitaba cariño y cuidado y ella sabía muy bien cómo hacerlo, y para que estuviera más cerca de ella, con todos sus animales queridos me propuso que viviera con ella, que su mamá estaba de acuerdo, pero no había espacio porque la casa que ya de por si era muy chica y reducida, vivía su hermano con su joven esposa y tierno niño.

Me gustó la idea y teniendo en cuenta que viajaba muy seguido para visitar las obras y que estaba rentando una casa que casi siempre estaba sola; con materiales y personal de la compañía le construí una amplia recámara arriba, bien amueblada, con closet grande para sus vestidos y zapatos y una gran tina con áreas circulares de azulejos y repisas para jabones y perfumes como si fuera un pequeño "jacuzzi" tanto la recamara como el baño, tienen una vista a la laguna.

Durante el tiempo que fue a visitar a su papá y estuve con mi esposa en la casa de sus papás, me di cuenta que la seguía queriendo, pero ya no era posible vivir juntos, porque conmigo estaba condenada a la soledad y a la inútil espera de un amor que ya había muerto muchos años atrás, la llevé a comer a buenos restaurantes, al cine y plazas comerciales para comprarle ropa, cremas y perfumes.

Tres días estuvimos contentos y aun con sus dificultades cardiacas y su incrementada frigidez, logramos hacer el amor, con viejos recuerdos de tiempos gloriosos.

Al cuarto día, más entusiasmada, la invité hacer un viaje corto a Cuernavaca y Taxco, saliendo de un hotel que hacia viajes programados para no manejar y poder disfrutar más el paisaje. Su respuesta fue no. Voy acompañar a mi mamá al médico, porque se ha sentido mal y mi papá se quedará cuidando la casa, porque cuando salimos todos los rateros se dan cuenta y tratan de robarnos, varias veces han salido huyendo cuando llegamos de la calle, entran como si tuvieran llaves, o rompen con barras y gatos los barrotes de la protección de puertas y ventanas.

Ya no insistí, me di cuenta que su verdadera felicidad estaba junto a sus padres y que en ningún otro lado se sentiría bien, había establecido una simbiosis de amor y apoyo que les daba seguridad y confianza.

Ni modo, estaba sentenciado a seguir con mi tierna, amorosa y seductora Lorena, nada más tendría que reforzar las vitaminas inyectarme insulina, bajar el colesterol, los triglicéridos, controlar la presión y tomar de vez en cuando una "píldora mágica" para lograr una completa y suficiente erección.

Independientemente de estos "pequeños" contratiempos, la gran paciencia de Lorena había adquirido al cuidar a sus animales, la aplicaba conmigo previamente de hacer el intento del acto sexual, y los resultados siempre eran llenos, completos y esplendorosos, sin tener en cuenta que para hacer el amor, en una forma real y sentimental, tendría que permitir que de vez en cuando buscara a Raúl, mi compañero y amigo que en el pasado la embarazo teniendo yo, que dar todas las vueltas y trámites con el ginecólogo, también amigo mío para que abortara, porque él no quería ni podía atenderla por estar casado y tener dos hijos adorables.

Creo que ella quiso abortar en secreto, pero cuando vio que no podría, me lo contó todo, le pedí que lo tuviera y su razón de abortar fue muy simple, no quiero un hijo sin padre verdadero, si voy a tener uno quiero que sea de ti, porque tú me aceptas tal como soy.

La ayudé a abortar, la cuidé tres días con caldo de pollo, dulces, chocolates, vitaminas de hierro para compensar las hemorragias, y películas en video, tomándola de la mano y acariciando su rostro, cuando se quedaba dormida.

Me habló Raúl para preguntarme cómo estaba y le dije que no se preocupará, que ya estaba bien, pero que tuviera mucho cuidado en el futuro porque como yo, ya no la iba a cuidar. Aunque parezca increíble, dos veces más la embarazó y dos veces más la cuidé, pero tuve que buscar a otra bella joven para levantar mi autoestima.

2

Lizy

Se llamaba Lizet Alejandra y le decían "Liza" para simplificar. Estaba linda la niña, joven, graciosa como Lorena y con grandes traumas desde su infancia, en realidad creo que era más bonita y más sensual, la conocí un sábado por un amigo de muchísimos años ya grande como yo, pero " ambidiestro", buen padre, buen esposo, regular ingeniero, presumido y farolón, con una inclinación "fija" hacia los adolescentes dije "ambidiestro" por no decir "Gay", shoto, o puto y con mucho pegue con las mujeres, casado con una bella mujer y con unos hijos aparentemente bien educados, sobre todo respetuosos.

Pues bien, con esta persona estaba en el parque "Independencia" sentados mientras nos limpiábamos los zapatos, con dos boleros que ya sabían que estábamos buscando un buen lugar para botanear y tomar cerveza, alegando porque él quería que fuéramos a un lugar cercano, una cantina sucia, con meseras gordas y feas, pero con unos guitarristas, jóvenes y "bonitos" que ya lo conocían, a mí nunca me han gustado los viejos bares y cantinas que apestan a miados y que los baños tienen canaletas para mear sucios y guacareados.

Uno de los boleros nos dijo: vayan aquí enfrente al bar del hotel, subiendo las escaleras, acaban de llegar "dos edecanes" bien buenas y bonitas, una está un poco gorda y canta con el conjunto, pero la otra que está de mesera está bien chula.

Ellos nos acompañaron para que supiéramos la entrada, y tenían razón. Nos sentamos Martin y yo en una mesa cercana a la barra y el encargado o barman de inmediato envió a esta preciosa niña Liza a que nos atendiera, en verdad me impactó de inmediato.

¿Cómo era posible que en un lugar como este, trabajara una criatura tan bella? Ojos y pestañas grandes, cejas negras y tupidas, delineadas en estéticos arcos, ojos brillantes, una boca increíble con los labios curvados suavemente, terminando en comisuras sonrientes aun sin que abriera la boca, con una quijada partida al frente.

Como un pequeño sexo femenino, y para rematar con rostro enmarcado por una abundante y larga cabellera castaño oscuro con rizos dispersos sin aparente cuidado, cayendo a un lado de su rostro, esto no era todo, al caminar mostraba un cuerpo delgado ondulante con pequeños pero erguidos senos y unas caderas (nalgas.. culo) que daban escalofríos lujuriosos.

Le pedí un tequila añejo reposado que no solo era muy bueno, sino que estaba de moda y no lo conocía, me pregunto qué bebida era y le explique que era un tequila como cualquier otro, me di cuenta que cuando se lo pidió al cantinero, el se rió por su inocencia.

Cuándo me lo trajo le pregunté ¿qué haces tú niña bonita en este lugar? Necesito comer, me contesto. Con voz indiferente, mi amigo, como siempre, molesto por mis atenciones al sexo femenino, le dijo: si estas muy bonita pero tráeme una cerveza bien fría, la que tú quieras, que ya me di cuenta que no conoces. Ella le contestó sonriendo discúlpeme es mi primer día de trabajo en un bar. No te preocupes le dije y fué por la cerveza y a otra mesa donde los clientes la llamaban con insistencia.

No seas cabrón, no la mortifiques, le dije seriamente a Martin Castro Armenta, que tenía nombre, barba y bigote de hombre macho y revolucionario, pero que le "hacia agua el cayuco "y suspiraba al joven guitarrista que en esos momentos cantaba: Abrázame fuerte amor mío.

Mientras el levantaba su tarro de cerveza en brindis aparente con el joven músico, me levanté sin decirle nada, bajé las escaleras y me dirigí a la calle, a la tienda más cercana para ver que le regalaba a esta "niña" en vez de darle propina.

Afortunadamente encontré una joyería, entré y vi un hermoso dije de oro con la figura de un trébol, compré también un pequeño sobre y dentro de él le escribí mi dirección y teléfono con una nota que decía: un ángel como tú no debe estar en este lugar, háblame o búscame en mi domicilio (casa de oficinas que rentaba), si puedo, te ayudo a que trabajes en otro lugar.

Regresé al bar y en la mesa ya estaba el joven guitarrista tomando cerveza con Martin Castro Armenta, mi viejo amigo se veía feliz. Llegó la muñequita a preguntarme que más quería y le pedí un tequila más y un agua mineral. Cuantas veces pude le dije que era lo más precioso que había conocido en mucho tiempo de mi larga vida de (45 años). Sin saberlo, sentada atrás de mí, estaba su gorda hermana que también cantaba con el conjunto del bar.

Cuando empezamos a tomar eran las dos de la tarde y ya había entrado la noche y ni mi amigo y yo no queríamos salir, el coqueteando con el joven músico y yo, extasiado mirando y coqueteando con "Liza".

No queriendo manejar ebrio convencí a Martín de que ya nos fuéramos, pedí la cuenta que generalmente yo pagaba porque por arte de magia, Martin desaparecía a la hora de pagar y volvía cuando la cuenta ya estaba saldada.

Así fue en esta ocasión, pero no me importó mucho porque pude despedirme cariñosamente de "Liza" y darle una buena propina el pequeño sobre con el dije y mi mensaje.

A los tres días volví para saludarla de nuevo, pero ya no lo encontré, durante cinco días fui al mismo lugar sólo para ver si llegaba, salía cayendo de borracho, olvidaba dónde dejaba el carro y tenía que tomar el taxi para la casa y al otro día lo encontraba, sin espejos laterales, ponchados o rayado en las puertas con corcho latas que encontraba dobladas, llegué a pensar que a alguien no le gustaba mi presencia en el bar y tenía razón.

Después supe, que (era su hermana y amigos que aun seguía allí, sin saberlo) el dueño del "antro" quien les había ofrecido trabajo, dizque fácil, le había gustado mucho Liza y quería acostarse con ella; pero no le hacía caso, porque aún estaba sufriendo un intenso amor, (aparentemente imposible) que había nacido desde su adolescencia como única respuesta a la hostil forma de vida que entonces conocía, abandonada por sus padres, flaca, con viejos guaraches de cenicienta de rancho, al cuidado de una abuela religiosa fanática que consideraba que el mejor camino para una niña era levantarse temprano, batir pozol, barrer pisos de tierra, acarrear agua, cosechar pimienta, asolear cacao, hacer mandados y demás trabajos de la casa, y no ir a la escuela a contaminarse con enseñanzas contrarias a "la sagrada Biblia", como esa historia abominable que decía que el hombre venia del mono y no de nuestro bendito padre "Adán", esta blasfemia era suficiente para saber que la enseñanza escolar, podía destruir los principios cristianos de "Las sagradas escrituras" y que el mejor lugar de una mujer era su casa y la iglesia cristiana.

Esta lógica de la vida religiosa era la principal causa de miseria de Liza, que su mayor alegría era ir a la escuela para sentirse libre de tanto hostigamiento de su abuela.

Liza se enamoró perdidamente de un apuesto joven de su rumbo, llamado Froylán; al igual que lo hicieron otras chicas, por sus cualidades de líder y demostraciones de entusiasmo, deseo de progreso, altivez y forma de ser, vivió intensamente y en su justo tiempo el amor de sus sueños y envuelta en esa magia que aprisiona el alma, le entregó su virginidad con euforia y alegría, al pensar que nada ni nadie los separaría en la vida, trató de ser como él quisiera, sin importarle castigos y reprimendas de su espantada abuela, quien le pronosticó todas las penas del infierno si seguía con él, esta maldición pronto llegó; una prima de él cumplía XV años y le harían una fiesta en el "Recinto Ganadero" del lugar, había sido invitado con su familia por parentescos cercanos y pensaba pedirle a su joven tía que le prestará uno de sus lindos vestidos pues ella no tenía más ropa bonita que la de la escuela, puro poliéster, nada presentable. Froylán le dijo que no iba a ir, porque a Liza también le caía mal su prima, por presumida y pedante.

Un día antes de la fiesta pasó a verla para ratificar que ninguno de los dos iría, pero ese mismo día, fue a visitar a su tía, quien tenía amistad con la mamá de Froylán y le conto que Froylán y ella irían a la fiesta acompañados por Flor una antigua novia que a su madre le caía muy bien, porque era hija de un cacaotero rico. Liza pensó que tenía derecho para defender su amor y decidió también ir.

Su tía, que era también muy bella y parecida a Liza, le escogió un lindo vestido verde esmeralda pegado al talle, con atrevido escote en V, mangas largas rematadas con tira bordada blanca al igual que el cuello, le hizo un peinado alto, tipo Griego con bucles ensortijados sueltos, zapatillas blancas de tacón alto que le dieron junto con el peinado, una estatura elevada, y porte de princesa.

Con esta esplendorosa imagen y acompañada de su familia llegó a la fiesta un poco tarde, caminó por el pasillo central como si ella fuera la quinceañera y al fondo, en una mesa acompañado de su mamá estaba Froylán abrazando a Flor y acariciándole las manos.

Hizo como si no los hubiera visto y se fué a sentar con su tía y familiares. Apenas estaba sentándose, cuando un amigo de ambos la fue a sacar a bailar, de inmediato se dio cuenta del enojo que ella tenía por haber encontrado a Froylán acompañado y como siempre había estado el enamorado de ella también, para aprovechar la situación y sacar partido a su favor, le contó que Flor era novia de Froylán desde hacia tiempo, que iba a su casa y su mamá los dejaba solos y que tenía dos meses de embarazo y que la mamá de Froylán quería que se casaran lo más pronto posible.

Liza se abrazó fuerte de el, para no caerse pues con la noticia perdió hasta el paso, afortunadamente tenía carácter fuerte y orgullo a prueba total, siguió bailando con una hermosa sonrisa fingida, obligando a su pareja a colocarse enfrente de la mesa que ocupaba Froilán, su mamá y su futura esposa.

Totalmente controlada, casi como autómata paso toda la noche demostrando su gracia y belleza por todo el salón de baile. Froylán no bailó en toda la noche, se concretó a estar sentado mirando al frente agarrado de la mano de Flor que le insistía que fueran a bailar, sin lograrlo. Antes que la fiesta terminará se retiro con Flor y su mamá. Dejando a Liza en un profundo y oscuro pozo de tristeza y dolor.

Ocho días lloró y lloró sin consuelo, dejó de comer, no hablaba y su mirada estaba como perdida. Su abuela se preocupó, se enteró de los acontecimientos y redobló sus tareas de barrido, limpieza, lavado, planchado, mandados y cocina, para que su mente estuviese ocupada, ella hacia todo, sin protestar, como zombi sin voluntad, muerta en vida.

Froylán desapareció, no se le veía ni con sus amigos, ni en la escuela, ni en la cancha de futbol (foot-ball), Liza para tratar de entender que había pasado y ¿Por qué? alguien que le había dicho que la amaba que la adoraba y que toda la vida iban a estar juntos, la había traicionado se llenó de valor y fue a preguntar por él a su casa, por supuesto a escondidas de la abuela, abrió la puerta su mamá y en cuanto la vio le puso mala cara y sin preguntarle nada, ni dejarla hablar le dijo: Froylán está dormido y no voy a despertarlo, por el pasillo vio la figura de Flor que se dirigía al fondo de la casa. Llenándose de valor le dijo: por favor, dígale que necesito hablar con él porque ya me voy de aquí y quiero que las cosas se arreglen como a él le convenga.

Ante la indiferencia de su madre, impotencia y odio se apoderó de ella y entonces con voz fuerte le dijo: dígale que si es tan cabrón que vaya a "chingar a su puta madre", dio la vuelta con semblante, adusto y sin mirar atrás caminó y caminó sin rumbo fijo, se paraba a ver el paisaje y a las personas, sin verlas, con la mente bloqueada, encajonada, sin saber qué hacer, faltaban unas cuadras para llegar a la casa de su abuelita donde vivía como una cenicienta, sin madrina, sin madre y sin padre y tomo una decisión: voy a demostrarle a este "pendejo" que no lo necesito, que puedo vivir sin que nadie me quiera.

Voy a largarme a luchar y a vivir por mi propia cuenta, cueste lo que cueste tengo que mejorar la situación, voy a estudiar y ser algo en la vida, ya le di las nalgas gratis a este "pinche buey", no faltara quien las quiera y le van a costar, cambio su rostro lloroso, llegó a su casa, la regañaron porque no sabían dónde estaba y ya era tarde.

Aguantó los regaños, esperó que llegara la noche, guardó la poca ropa que tenía, tomó cincuenta pesos de la cajita donde su abuelita guardaba el dinero de la venta de cacao y pimienta que ella cosechaba en el terreno de atrás de la casa. En la madrugada pasó a la casa de su tía, que siempre la trataba bien para que también le hiciera la limpieza de la casa y le cuidara a los niños aunque no fuera a la escuela donde ella era maestra.

Le platicó a su tía que se iba a Villahermosa a buscar trabajo, porque ya no podía seguir viviendo en ese lugar ("Ranchería el Guayacal"). Le contó todas sus penas y deseos de ser alguien en la vida. Su tía la entendió porque conocía su forma de vida y sabía que si seguía a lado de su abuela no alcanzaría más que a llenarse de hijos con un campesino borracho e irresponsable que le haría la vida más infeliz.

Buscó una dirección de un maestro que vivía en Villahermosa se la dió junto con cincuenta pesos que tenía guardado y le dijo: ve a esta casa allí necesitan alguien que les ayude con la limpieza y el cuidado de los niños, el profesor es buena persona y te van a tratar bien.

En verdad el profesor la trató bien. La defendió de regaños, recibidos de la señora de la casa, cuando se quedaba solo con ella en la casa, le ayudaba a lavar platos, a regar las plantas, le llevaba chocolates y la dejaba ver sus telenovelas en la tele y platicando con ella, terminó enamorándose de su sirvienta con una pasión y ternura que no podía ocultar.

Liza se dió cuenta que podía sacar ventaja de esta situación, cuando platicaban, le contaba del sufrimiento tenido desde que su mamá las abandonó con su abuela, de los esfuerzos que hacía por ganarse el afecto de su tía gorda, prieta y fea que le tenía envidia porque ella era delgada, bonita (se lo hacía notar nada mas) y que los muchachos la siguieran, aun con ropa vieja y chanclas rotas.

En realidad, la tía era una niña de la misma edad que ella, consentida, floja y envidiosa que hasta un vaso con agua quería que le sirviera y que la amenazara en acusarla con su abuela de que platicaba y la acompañaban niños de la escuela.

A Liza la escogieron varias veces para bailes y representaciones escolares y nunca pudo participar porque no tenía ropa ni zapatos adecuados y no se lo daban en parte malévolamente porque su tía no podía participar, porque nunca la escogían para nada, por gorda, fea y estúpida; pero ella era la reina de la casa y la que condicionaba la vida de su sobrina (de la misma edad) con chantajes y amenazas que no tenían en el fondo ningún acto de maldad por parte de Liza.

Al escucharla el profesor, se enternecía y le decía que ya todo iba a cambiar, que él la cuidaría y protegería y que le daría la ropa que necesitara. Ella nada más lo veía con sus hermosos ojos llenos de lágrimas y le decía que era muy bueno, y que diosito la había enviado con él, para que no sufriera tanto.

Le compró ropa, shampoo, cosméticos, cremas y un hermoso conjunto rojo de ropa interior, con adornos negros de brasier y bikini, diciéndole que le gustaría vérselo, puesto porque era muy linda y tenía un cuerpo hermoso.

Ella ya había decidido empezar una nueva vida, más libre con las limitaciones necesarias y justas para seguir siendo una buena cristiana, convencida que su arma principal era su juventud y belleza y que diosito la había hecho así para ayudarla a vivir sin tanto sufrimiento.

Con este pensamiento decidió dejarse querer por el profesor que para esas fechas ardía en deseos por tenerla. Pasó una semana entre sonrisas, miradas cariñosas y ligeros roses con las nalgas cuando estaban juntos en la cocina y la señora estaba arriba bañándose.

Ya para terminar la semana, escuchó que la esposa del profesor le decía que tenía que irse el fin de semana a ver a su mamá a Coatzacoalcos porque estaba enferma, y el muy compresivo le dijo: no te preocupes no ha de tener nada grave, pero si quieres ir a verla.

Le podemos pedir a la muchacha que te acompañe con los niños ¿cómo crees? Dijo ella llevarla sería ir a darle más lata a mi mamá, mejor le vamos a pedir que los cuide aquí en la casa al fin que el lunes en la mañana ya estoy de regreso.

Como tú lo creas más conveniente, le dijo tranquilamente, para que no se le notara la alegría que sentía por quedarse solo con Liza. Todo lo escuchó y también se puso contenta, porque además que el profesor era buena gente estaba en esa edad de los cuarenta, cuando un hombre puede desempeñar el doble papel: el de padre protector, y el de amante experimentado y apasionado, aún no había vivido estas experiencias pero en pláticas de su tía Carmela con sus amigas, había escuchado maravillas de formas de hacer el amor y de una mágica energía llamada "orgasmo" que aun no había conocido en sus apuradas y cortas relaciones sexuales, tenidas con Froylán, quien apenas se estaba desabrochando la bragueta y ya estaba terminando.

Sintió un ligero rubor y escalofrió, recordó a Froylán y pensó me la vas a empezar a pagar. Llegó el fin de semana, y la señora de la casa se fué a ver a su mamá, el viernes en la noche el profesor cenó cereal con leche, que le preparó Liza se puso a ver las noticias en la televisión y Liza muy comedida y atenta le dijo: voy a dormir los niños, si se le ofrece algo no más dígamelo por favor, porqué me voy a bañar y me iré a dormir a mi cuarto. No gracias puedes hacer lo que quieras que descanses.

Terminó de ver un terrible homicidio de una familia completa por un ladrón vecino y su amigo, únicamente para robar y comprar droga. Apagó la tele de la sala y subió a ver los niños, ya estaban dormidos con una pequeña lámpara encendida, se escuchaba el ruido de la regadera y la melodiosa voz de Liza (cantaba bonito en la iglesia cristiana), una poderosa fuerza entumeció su mente, la sangre golpeteó sus sienes y se derramo caliente en todo su cuerpo.

Sigilosamente abrió la puerta y se quedó mudo, quieto, pasmado, al observar el hermoso cuerpo de senos redondos pequeños y de rosado pezón y las voluptuosas curvas de sus caderas y nalgas. Liza ya sabía que la puerta estaba abierta, cerró la llave y se volteó buscando la toalla para cubrirse al mismo tiempo que enseñaba su sexo con pequeños rizos negros, como brillante piel de un corderito negro recién nacido, húmedo, brillante, mojada, hipnotizante.

La toalla estaba colgada en un gancho a la entrada de la puerta, el profesor la tomó, sin decir nada, la cubrió y la empezó a secar deslizando sus manos sobre sus senos, cubriéndola por detrás y chupando el agua que se deslizaba por su cuello, ella se estuvo quieta un rato, sin decir una palabra se volteó lo abrazó y le dio un beso pensando que estaba con Froylán.

El profesor la cargó y la llevó a la recamara besándola apasionadamente, la recostó suavemente y sin dejarla de acariciar y besarla por todo el cuerpo: pies, manos, ombligo, cuello, boca, frente y oprimiendo con sus labios el limpio naciente e infantil clítoris, que lentamente iba creciendo hasta que pudo sujetarlo suavemente con los labios al mismo tiempo que alcanzaba los pezones endurecidos acariciándolos con diferente presión en cada uno de ellos. Liza emitía pequeños suspiros y gemidos como niño recién nacido, se incorporó lo besó con pasión y lo jaló sobre ella.

Esa noche casi no durmieron, se entregaron mutuamente y platicaron de cosas especiales desconocidas para ambos. Ella comparó sus relaciones con Froylán y se dio cuenta que no había sentido esa energía tibia y deliciosa que brotaba de su vientre y la impulsaba hacia arriba como queriendo fundirse con él, perdiendo instantáneamente el control de su ser en una increíble sensación de paz, fuera de toda realidad, que la sacaba del tiempo y el espacio con tal fuerza que su cuerpo se desvaneció con fuertes suspiros y latidos del corazón.

Se sentía feliz, había encontrado a un padre y aun amante en una misma persona. Amaneció sábado, primera semana de mayo, en el pequeño jardín habían rosas rojas y blancas, el cielo estaba azul y "Berna" como le había dicho el profesor que le dijera, se estaba bañando y cantando como en los anuncios de tele, donde muestran a un feliz por haber realizado el amor en toda su plenitud.

Perdón está sonando mi teléfono celular y voy a contestar, luego seguiré con esta historia que muestra aspectos interesantes de la vida humana.

Me llamó Lorena para decirme que no ha podido regresar, porque su papá ha estado muy enfermo, pero como descuidada y a veces tonta (por eso está conmigo), no se dio cuenta que mi celular registra el número de donde me habla y me di cuenta que el número es de mi amigo y socio de la compañía que actualmente está atendiendo unos trabajos de limpieza de pozos petroleros en Reinosa y Tampico.

Ni modo, para los viejos no hay fidelidad ni respeto y tenemos que aceptarlo, porque tampoco nosotros somos fieles ni respetamos nuestras relaciones porque solo están fincados en el interés y el deseo, sin que la palabra amor, sea real y se mencione únicamente para darle validez a nuestra propia mentira y soledad.

En fin, mientras Lorena regresa seguiré con mi rollo contándoles la parte de la vida que conozco de Liza, la cual también me envolvió en sus sueños, ilusiones, torpeza, imbecilidad que aun me siguen afectando y que ustedes tendrán oportunidad de conocer en esta incoherente historia de amores, desamores, sueños e ilusiones envueltas en mentiras creadas por la necesidad de encontrar una paridad del alma, para no vivir solo, sin respuesta a la búsqueda de un amor que no existe. (Solamente encerrado en el recuerdo).

Me quedé contándoles que "Berna" también estaba feliz cantando en el baño y pensando de cómo iba a cuidar de que su esposa no se diera cuenta de esta nueva situación de vida. Hacía tiempo que sus relaciones se habían enfriado, pero nunca pasó por su mente separarse de su esposa, menos de sus hijos.

Había tenido relaciones fuera de la casa, con amistades ocasionales y algunas veces duraderas; pero en esta ocasión estaba decidido a mantener una relación permanente con Liza para ayudarla a estudiar y mejorar sus condiciones de vida, trataría de comportarse con indiferencia, de acuerdo con ella para que su esposa no se diera cuenta y aprovecharía sus ausencias y salidas de la casa para estar con ella.

Liza acepto porque estaba encariñándose con los niños y con la señora de la casa se llevaba bien, platicaba con ella y juntas veían las novelas y no la maltrataba como su abandonada abuela, cuando tenía algún descuido en los quehaceres de la casa.

Este amor clandestino presentaba características, practicas y románticas y funciono de maravilla durante buen tiempo, la armonía en el hogar se restableció, el profesor pasaba más tiempo en la casa, jugaba mas con los niños, con la cercanía siempre sonriente de Liza, su esposa también dejó de estar irritada y molesta como siempre pues "Berna" tenía suficiente cantidad para las dos y no le importaba mucho, la mayoría de las veces que a ella le dolía la cabeza o estaba cansada para hacer el amor.

Me refiero a su esposa, porque con Liza lo hacía en cualquier día y a cualquier hora que podían estar solos a veces un rapidín nocturno, después de oír las noticias y cerciorarse que su esposa estaba completamente soñando con los angelitos o con el buen compadre Andrés que hacía años le manifestaba mucho respeto, pero también muchas ganas de acostarse con ella, quien a pesar de haber llegado a los cuarenta, mantenía su rostro bonito y bien cuidado, aunque el hermoso cuerpo que tenía cuando se casó en forma natural había perdido su agradable figura con 15 kilos más que no le caían muy mal, pues lo había distribuido muy bien, entre nalgas, busto y panza.

Pero lo que tenía que pasar pasó, a Liza ya no le bajó "la regla" esperó y esperó y nada después de 15 días a mes y medio de embarazo se lo contó a "Berna" y se puso pálido y mudo.

Reaccionó después de haberse sentado en una silla de la cocina, su esposa estaba arriba acomodando sus cosas y encremándose para dormir, se había quedado tan callado, que se oía los pasos de ella cuando caminaba. Mañana lo vamos a saber, le dijo a Liza, midiendo la situación y tratando de asegurar un porvenir, le dijo: me encantaría tener un hijo tuyo; pero de inmediato recordó a Froylán y de sus planes de que ella iba a triunfar haciendo profesionista para valer más que él y con voz suave y afligida le dijo que no quería causarle problemas con su esposa, ni con sus hijos y que se lo dejaba a su decisión. El replicó primero tenemos que saber si estas embarazada, luego veremos qué decisión tomamos.

Esa noche Liza durmió tranquila, "Berna" no durmió, las posibilades de tener un niño con Liza, presentaba asegurarla, protegerla, cuidarla y amarla por tiempo indefinido (nada mas hasta que se reconciliara con Froylán) él sabia que seguía enamorada, pero su orgullo le hacía no buscarlo, pero también representaba perder a su esposa a quien no había dejado de querer y también desear y a sus pequeños hijos: José Juan y Martha Luisa que tenían los nombres de sus respectivos abuelos, en verdad ni pensarlo, veinte años de matrimonio no podían terminar en fracaso total, mi familia no me perdonaría ésta locura, la familia de ella me odiaría, todo sería un desastre.

Pensó en alquilarle un departamento; pero no era fácil, había que pagar renta, comprar muebles, aunque fueran baratos, luz agua, gas, ropa, zapatos para ella y para el niño, o niña, médicos, guardería, estudios y quien sabe cuántas cosas más y, ¿cómo le iba hacer?, si casi siempre vivía limitado y apurado para pagar todos los gastos de una casa, sin un carro bueno, ni vacaciones en buenos hoteles, en fin no era posible tener un amante en otra casa, aparentemente era muy bonito vivir con una jovencita muy hermosa; pero viéndolo bien era la chinga más grande del mundo y casi, con la certeza que en un corto tiempo una vez nacido el niño, le pondría los cuernos, mas grandes que los renos de Santa Claus.

Ya para amanecer, se durmió con la convicción de que si Liza estaba embarazada debería abortar, afortunadamente un médico amigo suyo podía ayudarlo, además el ya conocía unas pastillas que introducidas en la vagina provocaban abortos, con ciertos riesgos pero generalmente dan resultado, lo único que requiere es cuidado, reposo y luego muchas vitaminas y hierro para compensar las hemorragias.

Aunque no se sentía digno de que lo escuchara, le pidió a diosito que le hiciera el milagro de que Liza no estuviera embarazada.

Amaneció, se bañó, vistió desayunó poco a poco y se fue al trabajo, pasó a una farmacia a comprar la "prueba del embarazo" para que a la hora de comer la llevara a la casa y le explicaría a Liza (con mucha precaución) como hacerse la prueba, en realidad muy sencilla, unas gotas de orina en un extremo del medidor, esperar un pequeño tiempo y observar si aparecía nada mas una rayita roja todo estaría bien, el niño no está en camino.

Afortunadamente su esposa tenía que salir a una reunión de padres de familia, y podía quedarse solo con Liza y conocer los resultados de la prueba.

Salieron dos rayitas rojas y se puso pálido cuando Liza se las enseñó. Logró recuperarse pronto y le dijo: no te preocupes, todo tiene remedio en la vida y vamos a remediar esto para que no seas madre, eres muy joven aun y no debes romper las posibilidades de ser lo que ambos queremos, que estudies y seas una profesionista, también tienes derecho a divertirte y vivir con más libertad, un niño seria el amarre total a tu vida, pero…

Pero, yo creí que tú querías que yo tuviera este niño para estar más unidos le dijo Liza. Unidos vamos a estar todo el tiempo que tú quieras le dijo "Berna" pero si tienes este niño quizá no pueda ser, porque a mi esposa lo sabrá y no me daría el divorcio por ningún motivo, por el simple hecho de partirme la madre toda la vida, y poder tenerme con ella para martirizarme jodido ante mis pobres hijos.

Bueno, y ¿yo qué? ¿Qué voy hacer?, ¿Qué me va a pasar?, preguntó Liza angustiada, nada, nada, bien sabes que te quiero y no permitiría que te pasara nada malo, la solución no es muy difícil y yo estaré contigo todo el tiempo, este fin de semana mi mujer se irá de nuevo a ver a su mamá y te atenderé personalmente, tú solamente te introducirás una pastillas lo más adentro que puedas, cada cuatro horas y en poco tiempo, tendrás sangrado como si fuera regla, yo te auxiliaré en todo lo que necesites para que estés quieta y tranquila. Luego tomarás unas vitaminas que contienen hierro para reponerte y en tres días estarás bien.

Afortunadamente todo salió mejor de lo que se esperaba, el viernes en la tarde se fue su esposa a ver a su mamá, en la noche Liza se introdujo 4 pastillas que le ocasionara algunos dolores y malestares, en la madrugada se puso cuatro mas y no se levantó de su cama. Berna la fué a ver en la mañana con un vaso de chocomilk, unas galletas y una manzana y le dijo que siguiera descansando, mientras iría con los niños al mercado a comer taquitos y comprar un pollo para hacerle un caldo de verduras.

Cuando regresó del mercado, ya Liza estaba sangrando y no pensaron en toallas femeninas y usaba papel de baño y una toalla, de inmediato "Berna" se fué a la farmacia y le trajo un paquete de toallas sanitaras gordas. De esas nocturnas para sangrado abundante.

Sábado y domingo la estuvo cuidando y mimando, ella a pesar de los contratiempos y levantadas al baño con fuertes retortijones, se la pasó tranquila en la cama, pero por momentos le entraba el sentimiento de pecado, de ofensa a Dios y la vida y se ponía a llorar desconsoladamente y le reclamaba a Berna diciéndole: yo creí que me querías y que si tenía a este bebé íbamos a estar juntos siempre.

El sabía que había hecho lo que se debería hacer, de acuerdo a las circunstancias, pero que había perdido la oportunidad de que esa linda muñequita fuera de él para siempre. Siempre vamos a estar juntos le respondió y más adelante, cuando pueda divorciarme tendremos los hijos que quieras. Ella sonrió y le dijo: pero que no sean muchos porque no los vas a poder sostener, con tu salario de maestro. El también sonrió y le dijo: voy a meterme de líder sindical de los maestros y me va a sobrar dinero, ya lo verás.

Para el domingo en la tarde, después de 16 pastillas, el aborto ya era total y se quedó dormida hasta el lunes en la mañana.

La esposa de Berna regresó noche, los niños ya habían cenado y con mucho cariño le agradeció a su esposo su dedicación y paciencia, ya que había estado todo el tiempo en la casa, lo cual no era su costumbre, pues desde el viernes iniciaba la parranda con sus amigos, y regresaba en la madrugada y el sábado dormía, salía a taquear y tomar cerveza y muy a las carreras en la tarde del domingo, salía a dar la vuelta con los niños.

Esta era generalmente la rutina de fin de semana y si las cosas marchaban bien, sin discusiones enfermizas con reclamos, insultos y toda la maraña de unas malas relaciones había posibilidades de hacer el amor para seguir aguantando otra semana de contratiempos.

Se bañó, perfumó y se puso su camisón azul corto, Berna, sabía que había que cumplir y también que su mujer, tenía buenas artes para hacer el amor y descansado de una semana de problemas también aceptó con agrado la ocasión de hablarle bonito a su mujer.

Afortunadamente, todo salió mejor de lo que esperaba, su esposa amaneció cantando, Liza en la cocina preparándole unos huevitos revueltos con cebolla y chilito verde, en la mesa redonda, su café con pan y calentándole unas tortillas a mano no cabe duda, cuando Dios da no se mide, la vida nuevamente es buena, comida, pájaros, flores y nalgas.

Ahora esperar que Liza se recupere, su esposa se vaya a ver a su mamá, inyectar a Liza para que no se embarace o ni modo usar los molestos condones que evitan el hermoso rose de la piel. Sólo de estar pensando ya estaba deseando que llegara el fin de semana.

Liza ya se estaba recuperando y no sabía si era el efecto de las pastillas o el estarse metiendo el dedo tantas veces que la tenia excitada y deseando hacer el amor lo más pronto posible, no le importaba que aun manchara un poco las toallas sanitarias. El refrán se comprobaba: "gallina que come huevo aunque le quemen el pico".

Liza, Berna y su esposa estaban ansiosos, esperando el fin de semana. Secretamente Liza y Berna se coqueteaban cariñosamente con mensajes de te quiero, te necesito, eres mi vida. Su esposa aun seguía cantando y se sentía tan a gusto que no pensaba ir a visitar a su mamá el fin de semana, tenía otra hermana y le diría que ahora le tocaba ir a ella, que no se sentía bien para viajar.

Berna se comportaba de maravilla con ella y le dijo: ya sabes, a los niños los cuido bien y tranquilamente puedes ir a ver a mi suegra. Precisamente, por lo bien que te has portado últimamente, estando más tiempo en la casa, sin tomar, ella feliz del buen comportamiento de Berna le dijo: cuidando a los niños sin protestar, no voy a ir a ver a mi mamá para que estemos juntos, creo que la podemos pasar bien.

Este fin de semana, ¡en la madre! Ya me jodió todito ahora ¿cómo le voy hacer?, no solo no voy a tener sexo con Liza, sino que me voy a obligar a tenerlo con ella y para reponerme cuesta trabajo. Si se queda, mejor me voy al "table-dance" con mis cuates, llego al baile de "salsa" con mi amiga del sindicato que le da las nalgas a todo el mundo, comenzando con el "secretario general" que le dio su plaza.

Mientras su esposa se bañaba, en la cocina le platicó a Liza que su esposa no se iría del fin de semana, ella le dijo que tenía mucho deseo de estar con él pero que sería mejor dejar pasar más el tiempo, le pidió que no saliera para que estuvieran juntos, cuando menos viéndose.

Liza ya formaba parte de la familia, se llevaba bien con los niños y también con su esposa, que la consideraba una muchachita honrada y decente, que ni siquiera tenía novio. El viernes, fue muy bien atendido por su esposa y por Liza, ambas le prepararon unos de sus guisos favoritos: chiles rellenos, frijolitos de la olla con epazote, queso, acompañado con unas cervezas bien frías. En la tarde durmió hasta las seis y luego se puso a jugar con sus hijos adivinanzas y rompecabezas, a las nueve platicó un momento con Liza y le dijo que si podía iba a visitarla a su cuarto más noche.

Cuando entró a su recamara matrimonial, su esposa estaba frente al espejo con la cabellera suelta y un camisón largo y transparente que enmarcaba sus bien formadas nalgas, poniéndose perfume en el cuello y parte superior de sus bien torneados senos.

Se alistaba para hacer el amor, no le quedó más remedio que decirle que estaba muy linda, pensó decirle que le dolía la cabeza, pero no quiso usar el mismo pretexto que las mujeres cuando no tienen deseos de hacer el amor. Solamente le dijo voy a bañarme, tardó bastante en hacerlo esperando que la victima (su esposa) se cansara de esperar y se durmiera, él quería más tarde ir al cuarto de Liza. Sin embargo su esposa lo esperaba leyendo una revista de parejas que decía: CÓMO RECOBRAR EL AMOR.

¡En la madre! Ahora si voy a tener que coger a huevo, en fin, a ver si no le molesta que le dé por el chiquito, la última vez se quedó muy dolida, porque no le puse crema, pues ni modo, a sacar la tarea y ponerle ganas.

Se imaginó que lo hacía con Liza y la pasión que su esposa le puso al acto, hicieron que verdaderamente ambos lo gozarán completamente. Ya reposados y acomodados cada cual en su lugar ella le dijo: fíjate que hoy no me dolió, estuvo delicioso, eres un verdadero mañoso. El nada más sonrió y le dijo: estuvo bueno verdad y en realidad hacía mucho tiempo que no hacían el amor con todos los sentidos, y no tuvo la necesidad que lo hiciera con Liza.

La siguiente semana, mejoraron las cosas, bien atendido por su esposa que lo trataba como nunca y bien atendido por Liza que en forma discreta trataba de hacer la competencia, enseñando los senos cada vez que le servía un plato o le daba un vaso de agua o refresco.

Berna disfrutaba la situación, que lo hacía sentirse como león rodeado de sus leonas, dispuestas a cazar para darle la presa y luego copular cuantas veces fuera posible. En verdad que aprovechó las circunstancias, cuando su esposa y los niños estaban en la escuela, el procuraba llegar temprano para encontrar sola a Liza, bañarse los dos con los oídos atentos y viendo el reloj para que les alcanzara el tiempo, a veces preferían hacer el amor en el baño, abriendo la cortina, tapando la taza, el sentado y ella de espaldas, ambos disfrutaban y terminaban pronto, cuando había suficiente tiempo, hacían el amor desnudos, con todos los juegos eróticos posibles, el que más le gustaba era el de la ranita y el sapo casi siempre al final.

Ella se colocaba como una ranita que va a saltar en la esquina de la cama, encogida con las nalguitas paradas él se paraba tras de ella y le quedaba a la vista la vulva y el ano le penetraba apretando las nalgas y si ella aceptaba, antes de terminar, le ponía crema y se lo metía por el ano.

Así los encontró su esposa, una vez que ella salió temprano del trabajo, llegó a su casa, se le hizo raro ver el carro de Berna en la calle, abrió, la puerta como siempre no encontró a nadie abajo y había música fuerte en el minicomponente, subió las escaleras, no la escucharon llegar, abrió la puerta de su recamara y encontró a Liza y a Berna, jugando a la ranita y al sapo.

No había excusa ni pretexto, el se zafó bruscamente y ella se quedo inmóvil en la cama.

¡Malditos puercos! Les gritó Victoria, cuando menos hagan sus cochinadas en un chiquero, no en mi cama, donde mis hijos también duermen. Esto le va a costar caro a los dos, por lo pronto lárguense a chingar a su madre, que mis hijos ya van a venir y no quiero que se enteren del puerco padre que tienen. Lárguense ya antes que otra cosa suceda… mira Victoria, las cosas pueden arreglarse, todo tiene una razón dijo Berna, mientras Liza buscaba su ropa para vestirse, callada y temerosa.

Cállate pendejo, y lárgate antes de que vaya por el cuchillo para cortarte la única razón que tienes y tú, mierdita, mosca muerta, destructora de hogares ya verás en el lio que te metiste. Llévate tus chingaderitas que falta te van hacer en la cárcel, no quiero que se quede nada que sea tuyo, me refiero a tus calzones sucios y chanclas mugrosas y apúrate cabrona antes que te arrastre por las greñas hasta la calle. No se apartó de la puerta hasta que medio se vistieron, porque en el baño, se había quedado la pantaleta y brasiere de ella y sus calzoncillos.

Liza corrió a su cuarto y en una bolsa de plástico que tenia colgada, metió todo lo que pudo: sus pinturas, zapatos, pantalones, blusas y pequeñeces como aretes y pulseras baratas y el osito de peluche que hacía tiempo le había regalado su novio Froylán, tenía que salir corriendo, el miedo le hacía latir fuertemente su corazón, mientras pensaba a ¿Dónde podría ir?

Mientras tanto, Berna seguía aguantando los insultos y amenazas de Victoria, quien en un momento de euforia se le echó encima a Berna para golpearlo indignada y amenazante, hasta que la ira fue tan fuerte que el aire le faltó y tuvo que sentarse exhausta en la cama, sollozando y balbuceando: todo te lo he soportado, pero esto que has hecho no tiene perdón.

No me perdones, pero déjame reparar en algo mi error, no me hables, no me atiendas, no me quieras, pero piensa que si me voy, mis hijos van a sufrir y no se trata de que ellos paguen mi culpa. Déjame que me quede y poco a poco si tú no me perdonas buscaremos una forma de que no salgan tan lastimados, te prometo que haré todo lo que tú quieras y me indiques, se que te ofendí mucho y que no tengo disculpa, la vida es difícil y muchas veces suceden cosas que nunca pensamos, los hombres a veces nos comportamos como animales y no razonamos ni analizamos y el sexo nos domina.

Por favor dame un poco de tiempo para encontrar una solución que no nos perjudique más, no lo hagas por mi sino por nuestros hijos.

Vicky era buena madre y buena esposa, nunca antes pensó que tendría que separarse de Berna y quizá debido a lo sucedido Berna cambiaría y sería mejor marido y ella tendría más dominio sobre él, le daría chance de que se quedará, pero no lo perdonaría y cada vez que pudiera le echaría en cara su infidelidad y no le daría las nalgas, aunque ella muriera de deseo, al contrario lo amenazaría de que en cuanto ella quisiera le iba a poner los cuernos con quien fuera, tal vez con un chofer, un jardinero, o cualquier hombre que ella decidiera.

Para empezar, te sales de mi recámara y no me dirijas las palabra, ya veremos si te quedas o te largas, para mi has de cuenta que estás muerto, que no existes, no me importa nada de lo que hagas, solamente recuerda que tienes obligaciones económicas que cumplir: escuela, luz, agua, teléfono, gasolina, ropa, zapatos y útiles de tus hijos y no cuentes conmigo para nada, toda la responsabilidad al 100% es tuya.

Cuando acabaron de discutir, ella estaba más tranquila y Berna de pie, callado y apendejado, sin saber que decir. Liza se escurrió de su cuarto como pudo hasta la puerta, la abrió sin hacer ruido y salió a la calle casi corriendo a buscar una amiga de su pueblo que estaba trabajando en casa de un jefe de PEMEX en una colonia que se consideraba de ricos porque allí vivían la mayoría de los empleados de alto nivel de "Petróleos Mexicanos".

Tenía ahorrados algunos pesos que Berna le daba para sus gastos y pensaba rentar un cuarto para traerse a su hermana y buscar trabajo juntas. Llegó con su amiga y ella le dijo que iba pedirle a su patrona para que se quedara en su cuarto, mientras encontraba dónde trabajar. Su patrona aceptó y le dijo que iba a ver si alguna amiga necesitaba una muchacha, le cayó bien la sonrisa ingenua que Liza tenía.

Como le tenía mucha confianza a su amiga, le contó todo el rollo y muerta de la risa, le contó que a ella le había pasado lo mismo, con un amigo contratista de Pemex que tiene una casa en la colonia y que lo conoció allí en la casa en una fiesta que hizo el ingeniero cuando cumplió años, el amigo contratista, muy allegado a la casa, a pesar de estar con su esposa empezó a echarle los perros, luego siguió viniendo y le fue agarrando confianza hasta que aceptó salir con él.

En realidad todo fue muy rápido, me llevo a un restaurante de variedad, tomamos algunas "cubas," "besos de ángel" y terminé con tequila bien peda y, sin protestar, me llevó a un motel. Hicimos el amor bien calientes y en realidad me gustó su forma de ser: simpático, agradable, vigoroso y dadivoso, a partir de ese día me empezó a dar dinero para todo lo que necesitara y me ofreció apoyarme para que estudiara.

En una ocasión su esposa se fué a México y se le hizo fácil llevarme a su casa; nos bañamos juntos, hicimos el amor completamente solos, felices y desnudos nos quedamos dormidos sin preocuparnos por nada, porque al otro día sería domingo y ni él ni yo teníamos que trabajar, en la madrugada sentí que me abrazaba fuertemente y sin pensarlo mucho de nuevo hicimos el amor y nos quedamos completamente desnudos en la cama, hasta que la puerta de la recámara se abrió y su mujer nos jalo la sábana y nos quedamos completamente desnudos, lo demás es lo mismo que a ti te sucedió, nada más que a mí, alcanzo agarrarme de los cabellos mientras me vestía apurada, y el ingeniero tuvo que sujetarla mientras salía con mi ropa en la mano.

Después supe que él no había tenido grandes problemas, pues no era la primera vez que lo encontraba acompañado. Así es, hermanita, que te comprendo muy bien y deja esa cara de espanto, que las cosas van a mejorar, ya verás que con más ganas el "maestrito" te va a buscar, déjalo unos días que no sepa de ti y luego le hablas, le pones condiciones: cuarto o departamento, luz, agua, y gastos generales de comida y ropa, ya verás que si le gustaron las nalgas hasta más te va a ofrecer. Acuérdate que él que quiera "celeste, que le cueste" y tú "celeste" está muy bueno. Se abrazaron muertas de la risa, y buscaron algo de comer en el refrigerador.

Oye y que pasó después, le dijo a su amiga si tú aun estas aquí y dices que vive en la misma colonia. No, manita, no pasó nada, su esposa se fué a vivir a México con sus hijos que están allá estudiando con casa propia y carro.

Me dejó todo enterito a mi ingenierito, los fines de semana vamos a la "Disco" con varios amigos y amigas, tiene un "chingo", como tiene lana, él siempre paga, el pedo lo agarramos desde el viernes y terminamos en la madrugada del domingo bien comidos, bien bebidos, y bien cogidos, con la casa echa un desmadre, llena de copas, botellas, vasos, pantaletas y a veces un cabrón borracho dormido en el sofá de la sala o bien una pareja de cuates pedos y desnudos en otra recámara, el cabrón tiene una casa bien "chida" junto a la laguna, con Alberca y lancha para salir a pasear y dizque pescar, gana muy bien, es amigo del gerente de Pemex y creo que también socio, además le consigue muy "buenas viejas".

Yo lo conozco, porque ha venido a las pachangas, quiere coger conmigo, pero me respeta porque creo que hasta compadres son y se da cuenta que soy la mera-mera de su socio. El cabrón es un verdadero garañón, lo he visto llevarse hasta dos cueros al mismo tiempo y una amiga de pachanga que conozco, se ve con él, en el hotel cuando va a México, le paga todo y le compra buena ropa y zapatos, pero la chava, está muy joven y bonita como tú y ya vas a ver a lo mejor te gusta y terminas yendo con él a sus juntas de trabajo y de ombligo.

Nuevamente se abrazaron muertas de la risa. Beatriz, su amiga, no estaba muy tierna, ya tenía veinticinco años, estaba enamorada de un maleante y marihuano desde que perdió su virginidad drogada por él. La primera vez que fué con unas amigas a la disco, recién llegada de su pueblo, cuando trabajaba de empleada muerta de hambre en un gran centro comercial de la ciudad, pero creo que más adelante les contaré sobre Norma porque esta es otra historia más, de una madre soltera que "soñó con un príncipe azul" y se encontró con un joven apuesto, mentiroso, engañador, estafador, vividor, de mujeres, drogadicto, ratero, pollero (contratista de indocumentados) y asesino con diferentes nombres, pistolero a sueldo, narcos con quien tuve que enfrentarme por estupideces de la vida (uno mismo), confiando en tiernas palomas con garras de tigre y orgullos de pavo real.

Pero es otra historia amarrada al camino de mi vida, con falsas expectativas de cielos en la tierra que se transforman en verdaderos infiernos.

Continuaré contándoles sobre algunas de las estupideces que realicé por querer, convivir y tener a Liza conmigo, pero antes seguiré contándoles lo que paso después de que salió corriendo de la casa del "maestro". Su esposa, "doña Vicky", la demandó por robo de alhajas y ropa (pero no de marido).

Cuando se comunicó con el profesor, se enteró de lo sucedido y se espantó porque ya su patrona le había contado que una muchacha que había trabajado con ella, le había robado una pulsera de oro y unos aretes, la había demandado por robo y la había metido a la cárcel, aunque después tuvo que retirar la demanda por falta de testigos y pruebas y quedó libre, pero el susto nadie se lo quitó.

Aunque solamente había usado sus cremas y perfumes para casos muy especiales, nunca le tomó nada adicional; porque ni sus pantaletas y brasieres le quedaban...de plano, estaba muy chichuda y culona.

Se dio cuenta también que la relación con el "profe" ya no iba a ser lo mismo porque su salario no le alcanzaba para tener una nalga mas fuera de su casa.

La última vez que estuvieron juntos la llevó a un hotelucho con un ventilador destartalado y una televisión que no tenía más que los canales locales, las cortinas mugrosas y las sábanas rotas. Al prender la luz del baño salió corriendo una cucaracha que por poco se le sube al cuerpo, en realidad, si esto era lo que le esperaba además de la demanda injusta por robo, decidió que lo mejor era desaparecer y olvidarse del "profe" a quien ya le estaba tomando cariño y de inmediato tomó la decisión de irse a "Ciudad del Carmen" con una amiga de la escuela que vendía cháchara" en un carrito de triciclo, muy comunes en la isla, que se había convertido en el máximo centro petrolero de la región, en donde el dinero bajaba de las plataformas y gran parte se quedaba en las cantinas, restaurantes de mariscos, burdeles hasta que los empleados de "Pemex" salían contando los pesos que les habían sobrado para viajar y llegar a sus casas con enfermedades venéreas o un probable "sidoso".

En fin, el que no tiene nada que perder, lo arriesga todo, y "Liza" se fue a "Ciudad del Carmen" a vender con su amiga, al principio, hilos, listones, agujas, adornos, cepillos y todo lo que podían cargar en el triciclo, casi no ganaban nada, dormían las dos en un colchón en el piso, comían pan con sardinas, en fin puras miserias.

Luego empezaron a ir a los muelles a vender panuchos a los pescadores, en donde algunos patrones de lanchas pesqueras las invitaban a cenar y a reuniones de "centros nocturnos" y Liza término en uno de ellos bailando "table dance" con la protección de un comandante de la P.G.R.

Su amiga siguió vendiendo "cháchara" porque no reunía las condiciones necesarias: bonita cara, buen cuerpo, y nalgas de primera Liza si las reunía y además le gustaba enseñar y ser admirada, tenía una gran necesidad de que le dijeran que era bonita, inteligente y decente, sobre todo decente, recta, moral.

Estaba convencida y con mucha razón que necesitaba ayuda y que su mayor valor estaba en su bello cuerpo y cara pero sobre todo en sus maravillosas nalgas. Sin embargo, una intensa lucha de valores se debatía en su espíritu; porque en el fondo (del alma) ella quería ser como se veía: buena, recta, y decente porque su abuelita (una cabrona) la había criado en la religión "Cristiana" inculcándole los buenos principios, "principios cristianos" que nadie en su familia respetaba y todo eran apariencias y buenas intenciones porque lo que importaba era el dinero, y las mujeres casi todas eran putas y los hombres: ignorantes, borrachos, cretinos, huevones, irresponsables.

Con estas bases reales, su vida estaba como un "sándwich" en medio del mal y del bien, con la necesidad de sentirse buena" por el temor que el "concepto de Dios Cristiano" que "castiga las acciones malas" de la vida.

Así que para irla llevando, dormía mucho, bailaba mucho, tomaba mucho y cogía si había dinero. Sus relaciones amorosas habían quedado en el pasado, cuando soñaba con el amor único, al lado del ser, más perfecto: bien parecido, rico, inteligente, independiente (menos de su mamá) así soñaba. Algunos años después su verdadero amor mostró su verdadera inclinación, le gustaba más la nalga de macho y en vez de pagar le pagaban, hasta que también tuvo que pagar en la misma forma y le gustó.

Tengo que recalcar que Liza no era mala, era puta por naturaleza, desde adolescente se dio cuenta que para el hombre era más fuerte el deseo que el amor y que su capacidad de sobrevivir y de alcanzar las cosas materiales que necesitaba las podría satisfacer mediante las relaciones sexuales.

En "Ciudad del Carmen" el medio era ideal para ganar dinero culeando, por la gran cantidad d trabajadores que bajaban de las "plataformas" con hambre de sexo y muchos billetes, pero las cosas no estaban muy fácil.

Había mucha competencia abierta, pero ella quería mantener su imagen de "niña buena y decente" y temía que alguno de su pueblo de los que trabajaba para "Pemex" se enterara de que andaba como "puta cristiana" repartiendo amor y dando las nalgas por dinero.

Así que, aprovechando que ya había ahorrado algo de dinero para soportar un mal tiempo y de que su policía de la P.G.R., lo habían movido hasta la costa de Chiapas, para atender el negocio de los "indocumentados – narcos" y "Revolucionarios zapatistas" ella decidió regresar a buscar trabajo a Villahermosa con la intención de estudiar "inglés" porque se había dado cuenta que los "gringos" (Norte- Americanos) pagaban con dólares (10 veces más que los mexicanos) aunque con más probabilidades venéreas o un "sidoso" mortal, además aprender ingles, le daba un nivel cultural que la distinguiría de toda la "campesinada" de la ranchería donde había nacido y con suerte se iría a los "Estados Unidos" (estamos jodidos) a seguir a toda su parientela indocumentada que había emigrado, intentando salir de este país de "jodidos incultos y muertos de hambre" aunque vivieran sin ninguna libertad y derecho, ideales humanos que valen "mierda" cuando se (tiene hambre, hijos enfermos etc.) vivir con hambre sin padres, arrimada con parientes que odian la vida y esperan ser buenos "cristianos", aunque fumen, bailen, envidien al que tiene y den las nalgas por dinero, agachando la cabeza ante la gente poderosa sin importar que sea "Narco-político", asesino, delincuente común y corriente, buscándoles atributos para justificar su riqueza siempre y cuando exista la posibilidad de que a mí me toque algo, aunque se la tenga que "mamar".

Así fué como, en estas condiciones de vida, se cruzó en mi camino. Desde ese sábado de borrachera y lujuria cuando mi socio y yo decidimos después de la joda de la semana, buscar un lugar con variedad: tangas y blusas mojadas, música de bar y "cheves" bien helodeas (cervezas bien frías).

Al otro día regresé a buscarla y no la encontré, quise saber dónde estaba y nadie me dio razón. Me quedé con su hermosa imagen clavada en mi mente a la semana siguiente, regresaba a medio día de ver una maquinaria descompuesta y cuando entre al recibidor de la oficina estaba sentada con su hermana esperándome y de nuevo su hermosa sonrisa me hipnotizó y le dije, te he estado buscando y ella de inmediato me contestó: aquí estoy me ofreció ayudarme y vengo buscando trabajo.

Espérenme tantito, nada más dejo estos papeles y las invito a comer. Vi como el rostro de las dos se iluminaba de alegría. No tardé mucho y de inmediato salimos, las subí al carro y les dije: adónde quieren que las lleve. Donde sea, dijo su hermana (gordita) pero bonita también, no hemos desayunado y nos están corriendo del cuarto. No se preocupen les dije ahorita comemos y luego buscamos donde se acomodan, las llevé al restaurante" Leo" porque tenían variedad de comida y tenían buen servicio.

Pedí las cartas del menú y con ansiedad vieron la lista y su hermana eligió varios platillos y orden de tacos de carne, jugos de naranja y aguas de horchata, en realidad tenían más de 24 horas sin comer y se la habían pasado durmiendo en una hamaca y un colchón viejo sin luz y nada más que un destartalado baño abierto sin cortina y tirando agua por la regadera, todo esto lo observé después que comieron: Liza con moderación y su hermana como náufraga.

Fuimos a recoger un bulto de ropa sucia y una cajita con cosméticos, aunque no tuvieran que comer les gustaba estar bien arregladas. El cuarto estaba en una vecindad del centro de la ciudad y como todos los del rumbo, sólo tenían puerta de entrada y un hueco abierto en la parte superior que servía de ventilación, el techo de lámina y un calor insoportable.

La verdad, siempre me ha dado lástima la pobreza y la gente que carece de todo, enferma, sin alimentos y sin saber qué hacer y decidí ayudarlas sin esperar recompensa (inmediata). Las llevé a una pensión para "señoritas" en donde las condiciones eran mucho mejores y además les darían la comida del día en el comedor de la casa. Les di dinero para que compraran leche, cereal y frutas complementarias a las comidas, las dejé felices y me despedí ofreciéndoles llevarlas a cenar.

De inmediato me dediqué a buscarles trabajo y corrí con tanta suerte, que un arquitecto amigo mío vecino, necesitaba quien le atendiera su oficina contestando el teléfono, ordenando y archivando su documentación, le presente a Liza y de inmediato le dio el trabajo.

Me quedaba muy cerca de la casa donde vivía y la invitaba a comer o cenar seguido, ella se sentía muy contenta porque andábamos en un carro último modelo, poco a poco fuimos intimando en nuestro trato, la llevé al doctor por cualquier malestar que sentía, le compré todo lo necesario ropa, cremas, cosméticos, champú, y algunos adornos femeninos.

Para que no siguiera viviendo en una casa de huéspedes, las llevé a vivir con una amiga que acababa de comprar un pequeño departamento, pero continuamente salían y no las encontraba, me decían que estaban buscando trabajo para su hermana. Se presentó la "semana santa" y me quedé solo en casa.

Ella llegó diciéndome que no tenían agua y que quería bañarse, en mi cuarto había baño cómodo y se metió a bañar, para esos momentos, ya el deseo de hacer el amor (coger) era muy fuerte, sin embargo me daba pena proponérselo, pero afortunadamente salió envuelta en la toalla y me pregunto si tenía peine, busqué un cepillo y le dije siéntate en la cama yo te voy a peinar, sin protestar se acomodó y comencé a cepillar su hermosa cabellera procurando acariciarla en el cuello suavemente, hasta que le quite la toalla, la recosté suavemente sobre la cama quedando su cuerpo totalmente desnudo.

En realidad era inmensamente bella, la besé tiernamente absorbiendo las gotas de agua que aun tenía, ella cerro sus hermosos ojos y gimiendo como niña recién nacida se cumplió el deseo de hacerla mía. Me enamoré igual o más que el profesor "Berna" y me dediqué a satisfacer todos sus gustos: comidas especiales, buenos restaurantes, discotecas y ropa que le gustara.

Le gustaba mucho mi carro y me pidió que la enseñara a manejar, preferí que fuera a una escuela de manejo y en una semana ya estaba manejando, acompañada de su hermana íbamos a centros nocturnos a ver la variedad, tomábamos mucho, su hermana cantaba con los músicos y ella bailaba muy bien y muy sensual, a tal grado que en diferentes ocasiones, como a mí me veían muy grande, los jóvenes me pedían permiso para bailar con ella y yo se lo permitía, dándome cuenta de sus coqueterías, le encantaba saberse admirada y deseada, tenía una gran necesidad de sobresalir y que toda la atención estuviera con ella.

De inmediato me di cuenta que esta relación me daría muchos problemas pero no me importaba. Lo importante era tenerla conmigo y perderme amorosamente en ese bello y juvenil cuerpo que se me entregaba casi indiferente con una sonrisa angelical. Desde que amanecía ya estaba pensando en ella buscando todas las oportunidades de estar siempre juntos.

Muchas pendejadas cometí por ella. Se daba cuenta de cómo me traía y que haría cualquier cosa porque me prestara ese hermoso sexo cubierto de sedosos y ensortijados vellos que brillaban como un corderito negro recién nacido y me pasara con un beso en forma de chisguete el vino que tomábamos haciendo el amor, después de un exótico baile que me regalaba estando desnuda y cayéndose de peda (borracha).

Traía la pasión por aprender inglés, desde que regresó de "Ciudad del Carmen" tal vez por los "gringos" que allá conoció. Muy pronto se empezó a manifestar su espíritu de prostituta.

En el trabajo que le conseguí con el arquitecto, se ligó a su hermano, un pobre chavo pendejo que le prestaban la camioneta "Lobo" y se sentía el rey del mundo y como Liza también era muy aprovechada y nada pendeja empezó a salir con él a discotecas, bares, moteles y demás centros nocturnos.

No duró mucho en el trabajo porque la esposa del arquitecto se puso abusada y le pidió que la despidiera antes que se lo tumbara, aunque también a ella ya la habían visto de aventurera en diferentes centros nocturnos, en ocasiones, con el hermano del arquitecto, al fin y al cabo todo quedaba entre familia.

Salió del trabajo recomendada por sus gracias y de inmediato encontró otro, en un negocio del primo del arquitecto vendiendo motocicletas.

Al principio de que empezó a trabajar la llevaba en la mañana y pasaba en la tarde a las siete a recogerla, pero pronto dejé de hacerlo, porque cuando llegaba, ya no estaba, la buscaba en el departamento en donde la esperaba hasta la noche tomando con su hermana la (gorda) que era media niñota y tonta a tal grado que una vez tomó tanto que la tuve que llevar casi arrastrando a su cama, en donde ya me iba a costar con ella, cuando llegó una amiga que se estaba también quedando en el departamento y me tuve que despedir subiéndome los pantalones.

Liza no llegó esa noche, estaba cogiendo con Eddy, un "padrote" ricachón mantenido por su mujer, considerado de la alta sociedad, que tenía una fábrica de agua inservible con garrafones sellados llenados con agua de la llave.

En ese entonces yo estaba de pendejo pagándole cursos de inglés porque quería ser "licenciada en idiomas" y se iría a Tampico a los cursos de verano que impartía la "chafa universidad de idiomas de Tamaulipas".

También le entré a este proyecto con tal de seguirla teniendo de vez en cuando y le pagué pasajes, colegiatura y casa de huéspedes y de inmediato continuó con sus puterías, se ligó a un joven ingeniero de 36 años, digo joven comparándolo conmigo que ya pase los 60. Sabía muy bien lo que quería, no era nada pendeja, él ya hablaba inglés y le ayudaba en las tareas y pasándole copia en los exámenes, además tenía un bonito "beatle" color rojo nuevo.

Para ambos el arreglo era fantástico, Vivian en la misma casa de huéspedes, se transportaban juntos, y dormían juntos, todo perfecto al 100% y la gozaron bien, llego el fin de cursos y "Don pendejo" (con mayúscula) le mandó dinero para exámenes, renta y pasaje esperando su pronto regreso.

Llegó la navidad y no regresó, preocupado iba al departamento a preguntarle a su hermana si sabía algo de ella y decía que no, pero bien sabía que Liza estaba en su ranchería del arenal.

Me comuniqué a Tampico a la casa de huéspedes y me dijeron que tenía ocho días de haber salido y así era; estaba en la casa de su mamá presentándole a su novio y planeando su boda lo más pronto posible.

Me enteré más tarde de todo, le reclamé por no haberme avisado y evitar mi preocupación por su ausencia. Regresó pronto a Villahermosa al departamento, salimos a comer, cenar, a bailar y terminamos en el motel encuerados en el "jacuzzi", casi inconscientes de borrachos todo el tiempo la estuve acariciando y besando todas las partes de su cuerpo, cuidando que no se fuera a dormir y se ahogará en el "jacuzzi". Quien sabe cómo llegamos a la cama, allí despertamos a medio día del domingo atravesados en la cama sin saber porque, agarrados de las manos.

El pacto se renovó, estaríamos juntos hasta que se casara, le prestaba el teléfono para que se comunicará con pancho (Francisco) que así se llamaba, ya fuera a la casa de su mamá en Veracruz o en Puebla donde tenía un negocio de carpintería.

Algunas veces media borracha cuando estábamos haciendo el amor se comunicaba con él y como la oía suspirar pensaba que lo extrañaba y le decía conmovido no te preocupes, en cuanto pueda voy a Tabasco para que estemos juntos o bien te vienes conmigo a Puebla. Esto último si le gustó a Liza y le dijo que pronto iría a verlo. Seguimos haciendo el amor y me dijo que si la dejaba ir, claro que sí, le dije mientras terminábamos jadeando.

No había más remedio que compartir y se preparó para la visita de fin de semana a Puebla. Los últimos días no quería tener sexo y se estuvo aplicando lavados de no sé que para llegar apretadita, la ayudé a rasurarse y quedo lisita sin los hermosos vellos de borreguita tierna (negros brillantes). Le di para su pasaje y le pedí que volviera pronto.

Al fin que yo me quedaba con Lorena, siempre dispuesta a viajar conmigo para visitar las graveras y maquinarias que tenía en renta en Tabasco y Veracruz.

Ustedes dirán cómo me daba a vasto pero todo era por turnos, según las circunstancias y oportunidades que se presentaban. Como Lorena la había colocado en una oficina constructoras de socios y amigo y de negocios, me pedía permiso para acompañar al jefe en sus viajes de negocios al Norte de la República: Reynosa, Monterrey, Matamoros, regresaba con ropa nueva bien comida y bien cogida.

El chiste era no entrarle a los celos y al apego para seguir diversificando los asuntos del sexo sin amor. Lo malo era cuando te enculabas, como me pasó con Liza, a quien extrañaba y deseaba que regresara pronto.

Pero las cosas se pusieron cabronas, con el fin de asegurar la boda embarazándose, se quedo a vivir con Pancho y sólo me hablaba diciéndome que pronto vendría y que le enviará para su pasaje, como diez veces. Aunque por aquí me desquitaba en forma permanente con Lorena, como ya les conté era muy cariñosa y no tenía complejos ni inhibiciones para hacer el amor sin limitaciones. Aprovechando que Liza se fue a Puebla y regresará con otros rollos, voy a seguirles contando de mis relaciones y conocimiento de Lorena.

3

Lorena, Lorena…

Como siempre con estas pobres muchachas, tuvo una infancia difícil, su madre quedó abandonada por segunda vez con dos hijos: Lorena y su hermano Raúl de tres y dos años de edad.

Se dedicaba como buena cocinera en una fonda de mariscos y cervezas, pero tenía el problema de que constantemente se enamoraba de los clientes con quienes salía a bailar, tomar y coger, sin más intención de sentirse acompañada y amada, en realidad muy buena persona, pero con los hijos abandonados con los vecinos o bien con la buena abuela que los cuidaba.

Lorena prácticamente creció en las casas de la vecindad deambulando en la calle con la obsesión de conocer a su papá. Su mamá se preocupaba por ellos pero descargaba sus frustraciones con malos tratos y golpes por cualquier cosa que Lorena hiciera o dejara de hacer, a su hermano no le iba tan mal por el simple hecho de ser hombre.

Cuando tenía apenas trece años, se enteró que su papá vivía en Pachuca y que tenía otros hermanos, en vez de darle coraje se llenó de alegría y decidió ir a visitarlo y quedarse con él. Empezó a ir a la terminal del ADO para investigar cuanto costaba el pasaje, en una de esas idas, la observó un chofer medio joven de esa línea, platicó con ella, se dió cuenta de su inocencia y le ofreció que él la llevaría cuando quisiera, la invitó a cenar allí mismo en el restaurante de la terminal para darle confianza y quedaron que en el próximo viaje la llevaría a México y a Pachuca sin que le costara nada y que además el la acompañaría a buscar la dirección que tenía su papá en Pachuca.

Lorena pensó que todo era un milagro de Dios, no dijo nada a nadie juntó en una bolsa su ropita y el sábado aprovechando que no estaba su mamá, se fue a la terminal para realizar el viaje soñado de poder conocer y estar con su papá.

Estoy seguro de que ya ustedes se imaginarán lo que sucedió. Así fué, el chofer llamado Ramón con familia e hijos la llevó a un hotel en México la violó y la tuvo con él una semana, claro que la niña, estaba tan linda que no era cuestión de perderla, le juró que se casaría con ella, que la cuidaría y que no le faltaría nada.

Una niña que no tiene adónde ir y que no conoce nada sólo le quedaba creer lo que Ramón le dijera. Ramón la acompañó a Pachuca, le ayudó a buscar la dirección de su papá y cuando la encontró se borró del mapa. En realidad no era tan mala gente pensó Lorena, si no es por él no hubiera encontrado a mi papá. Efectivamente llegó a la dirección correcta allí encontró a su papá, ninguno de los dos se conocían, afortunadamente su papá abrió la puerta y le preguntó que deseas niña, ella le contesto sonriendo busco al señor Fernando Martínez,.. Yo soy, le contestó intrigado ¿para que soy bueno? Soy hija de Estela Ramírez y usted es mi papá. Don Fernando se la quedó viendo con asombro y le dijo con cariño, pasa hija ésta es tu casa.

Lorena sintió que el cielo se abría, por fin iba poder abrazar y decir papá al hombre que había soñado desde niña. La presentó con su familia y sus medios hermanos, uno de ellos como de su edad el otro más chico, la señora nada más la saludo con seriedad y un poco con lástima. Su papá la abrazó con cariño, esta es su hermanita, tenía muchos años sin saber de ella.

Ellos la vieron sin entender bien de que se trataba. Trátenla bien les dijo, se quedará con nosotros. El hermano mayor les dijo y ¿Dónde va a dormir? No se preocupen, le acomodaremos una camita en la sala, mientras terminamos el nuevo cuarto que estamos construyendo.

Su papa era chofer de una línea de trailers y viajaba en diferentes rutas: Guadalajara- Monterrey- Chihuahua y otras ciudades, prácticamente siempre estaba viajando y se pasaba muy poco tiempo en su casa de Pachuca, probablemente en otro lugar también tuviera familia, pero a ésta la apoyaba económicamente en todo y por lo tanto se veía que los quería.

Lorena, se quedó, estableció buena relación con sus hermanos y trató de ganarse el afecto de la señora de la casa apoyándola en todo, a pesar de ser muy joven con su mamá aprendió a ser trabajadora y conocía y hacia bien la limpieza, lavando y planchando la ropa y ayudando con eficiencia en la cocina. Pasaron ocho días, tranquila, sin malos tratos, esperando que regresara su papá.

Pero aquí en Villahermosa su mamá la buscaba por todos lados y como tenía amistades con autoridades de la "judicial", les pidió ayuda para localizarla y pronto averiguaron que tenía amistad con un chofer del ADO, estuvieron pendientes de que volviera de uno de sus viajes y lo detuvieron.

Confesó que la conocía y que él solamente le había hecho el favor de llevarla a México y que de inmediato que llegaron la acompañó a que tomara un autobús para Pachuca, donde le dijo que su papá vivía. Lo detuvieron mientras se verificaba si era cierto lo que decía, con el temor de que algo más grave le hubiese sucedido.

Informaron a su mamá, ella consiguió dinero prestado y se fue a Pachuca a buscarla, iba llena de angustia y rabia, rogándole a Dios encontrarla, viajó de noche para llegar en la mañana, a medio día ya estaba en Pachuca, lugar donde había salido hacia doce años. Se encaminó a la casa que ya conocía, porque en ella había vivido y en ella había nacido Lorena.

Tocó la puerta, salió a abrir un niño y le dijo, quiero ver a tu mamá. No está, salió al mercado le contestó. En eso, desde adentro, preguntó Lorena: ¿Quién es? Y entrando violentamente con un grito le dijo: tu madre cabrona, de inmediato quedó frente a ella y la dijo: deja esa pinche escoba que ahorita mismo nos vamos a Villahermosa.

Lorena murmuró: por favor no me vayas a pegar, ella sabía que en momentos de furia, su mamá la arrastraba de los cabellos, agarraba una vara y le daba con ella, donde pudiera, hasta que se cansaba.

Bien sabes que te lo mereces, le dijo con voz fuerte, no te voy hacer nada, pero ya me las vas a pagar y vámonos pronto antes que te saque arrastrando. Estaba descalza y le dijo por favor déjame ponerme mis zapatos y que vaya al baño, del susto se estaba orinando parada.

Agarró la poca ropa que llevó y cabizbaja temblando salió con su mamá de casa, en la terminal su mamá compró unas tortas y refrescos para el camino y regresaron a Villahermosa.

Lorena se quedó con las ganas de volver a ver a su papá, hasta que cumplió dieciocho años y fue mayor de edad. Claro que este acontecimiento dio lugar para que su mamá la tuviera como una cenicienta y que ella, cuantas veces pudiera, se escapara con sus amigas (os) amantes y padrotes.

Desde que regresó con su mamá de Pachuca empezó a ver la forma de estar el mayor tiempo fuera de su casa, salvo el necesario para bañar, limpiar y darle de comer a su pequeño zoológico que cuidaba con un cariño obsesionante y enfermizo, digo zoológico porque desde pequeña empezó a coleccionar cualquier perro, gato, conejo o pájaro que estaba perdido o enfermo y aunque se quedara sin comer veía la forma de que ellos estuvieran bien, hasta un cocodrilo que se asoleaba a la orilla de su casa junto a la laguna, le aventaba menudencias de pollo, sin saber que varios de sus perros consentidos ya le habían servido de alimento, creyendo ella que se habían perdido en la calle o que se los habían robado, cuando eran de raza fina.

Llegó a tener crianza de doberman y los vendía a buen precio porque eran grandes y fuertes, excesivamente bravos, aunque el más grande dormía con ella, muy mansito.

Estos perros le crearon graves problemas, pues ya habían mordido a varios vecinos y gente de la calle que sólo tenía la desgracia de pasar cuando la puerta estaba abierta. Esta afición y pasión por los animales sobre todo perros, la relacionó con médicos veterinarios, abogados y personal de centros de salud que estaban gustosos y felices de auxiliar a una inocente niña que solo podía pagar con su "cuerpo matic" (sin tarjeta de banco).

Pero, les estaba contando que la única solución posible para estar libre era estudiar y sin el apoyo de su mamá, logró inscribirse en una secundaria cercana al hospital de Pemex, en donde se hizo amiga de dos jóvenes de su edad, hijas de un doctor divorciado que trabajaba en el hospital porque su mujer se había ido con un médico joven que había llegado a hacer sus prácticas y que frecuentemente iba a la casa invitado por su esposo y se buscó los cuernos.

Las niñas se quedaron con su papá, quien realmente las quería mucho, pero no las podía cuidar, porque trabajaba en Pemex y "en el centro de salud, vivían libres". Ellas prácticamente hacían lo que querían.

Estas amigas representaron para Lorena un gran apoyo, porque en su casa no faltaba comida, no había regaños y si querían holgazanear todo el día, nadie les llamaba la atención.

Dos veces a la semana llegaba una señora a hacer la limpieza, lavaba y planchaba, les hacía de comer y se marchaba, de inmediato ellas se encargaban del desorden: vasos con refrescos, papitas, palomitas, cacahuates, almohadas tiradas en la sala para ver "películas porno" en la videocasetera, al fin que el "pobre doctor" llegaría bien cansado hasta la noche y tenían tiempo de dar una rápida recogida de cosas y medio poner en orden la casa.

La mamá de Lorena trabajaba en un restaurante, era muy apreciada por su forma de cocinar y tenía muchos conocidos del gobierno y de Pemex que la invitaban a discotecas, porque le gustaba mucho el baile y la cerveza.

Tenía buen cuerpo y carácter alegre y cariñoso, yo la conocí porque era amiga de un buen compañero de trabajo (shotón) y en una ocasión me tocó acompañarlo a un "Rodeo" en donde bailamos toda la noche, tomamos cervezas por litros, perdí a mi amigo que andaba coqueteando con unos vaqueros del espectáculo y me tocó quedarme en un motel con la mamá de Lorena, sin saber las vueltas que tiene la vida, digo esto porque en ese tiempo no conocía la existencia de Lorena.

Pero es mejor que les siga contando de las hijas del doctor y de la conexión de Lorena con los principales médicos especialistas de Pemex. El doctor trabajaba como dermatólogo y ya había sido acusado hasta por "abuelitas" de que para revisarlas tenían que encuerarse completamente aunque la mancha fuera solamente en una mano.

Claro que él, muy profesionalmente, se defendía diciendo que las manchas se presentan en cualquier parte del cuerpo y su deber era cerciorarse porque algunas veces por timidez o temor a algo grave, tenían hongos en la "vulva" y no querían enseñarlos.

La cosa era que este "Doctorcito" (es chaparro) primero las encuera, luego las acostaba boca abajo en un diván (o cama de hospital) las tocaba, y con una "lupa" recorría todo el cuerpo deteniéndose largamente en las nalgas y el culo, luego las volteaba y comenzaba desde la coronilla, los pechos y la vagina, palpando y extendiendo la piel para observarlas con su lente de aumento.

Cuando se corrió la voz entre sus pacientes, las madres insistían en acompañar a sus hijas mientras las revisaba y, en dichas ocasiones, la revisión era muy decente, les decía que nada mas les enseñaran las manchas visibles sin necesidad de que se quitaran la ropa.

Esta técnica le daba buenos resultados, pues muchos pacientes lo defendían y trabajó quince años, hasta que las acusaciones fueron corroboradas por las enfermeras que le auxiliaban y que se callaban por no ocasionarse problemas.

Lo liquidaron en Pemex años después de haberse cogido a Lorena en su "sofá médico" con llave y pasador, después de haber observado una ligera mancha (de sol) en una de sus manos. Un día que llegó a su casa la encontró oyendo música con sus abandonadas hijas una de 15 y la otra de 13. Con mucha amabilidad le dijo a Lorena que era conveniente hacerle una inspección general y quizá unos análisis porque podría cubrirse todo su cuerpo con manchas malignas.

Lorena tenía 14 años, ya mero cumplía los 15 y el doctor representaba una figura paterna que ella siempre había deseado y se sentía muy a gusto con las atenciones y buen trato que el doctor le daba.

En repetidas ocasiones, cuando ya era noche la llevaba a su casa y le explicaba a su mamá que era una compañía muy buena para sus hijas y que si necesitaban atención médica, él las iba a recomendar con cualquier doctor que necesitaran, sin que les costase ni la consulta, ni las medicinas, porque cada doctor tenía su propia dotación de las medicinas que recomendaban los proveedores.

Su mamá estaba encantada con el trato que él doctor les daba: caballeroso, amable y servicial y le recomendaba a Lorena que fuera atenta con él. Con estos antecedentes ella le fue tomando confianza, respeto y cierto afecto, pues casi siempre tenía un regalito sorpresa: aretes, pulseritas, dijes y algún agradable perfume, todo esto lo hacía también con sus hijas para ir demostrando que la trataba como una hija: en fin el tiempo ya había, transcurrido y la "araña" ya había tejido su red. La libélula se encontraba indefensa.

Lorena llegó al consultorio, el doctor estaba atendiendo a su último paciente, su enfermera le aviso que una joven lo había llegado a ver, él se asomo a la puerta, la saludó seriamente y le dijo: cuando termine con mi paciente te atiendo.

Cerró la puerta y le dijo a su enfermera, ya son las ocho, nada más termino con este paciente y puede irse a descansar. La enfermera ya estaba acostumbrada a las mañas del doctor y nada más le contestó: está bien doctor, esperó a que saliera la paciente, recogió su bolsa y se despidió.

El doctor Juan (así se llamaba este cabrón) pasó a Lorena y de inmediato le dijo: a ver mi hijita vamos a ver esas manchitas, siéntate aquí en este sofá (cama de hospital), le tomó la mano y con la lupa la empezó a examinar con palabras tiernas: a ver hijita, mírate tú misma, tienes la piel enrojecida, quizá sean hongos o manchas de sol y esto se cunde y puede afectarte tu carita con sólo rascarte y luego tocarte.

Voy a revisar tus piernitas para ver como están, quítate tú pantaloncito vaquero que traes para poderte revisar bien, se sentó mientras Lorena se quitaba el pantalón enseñando su hermosa piel y bella figura. Sería bueno que también te quitaras la blusa porque a veces hay manchas en la espalda, que no se ven. Lorena obedeció y se quedó con su diminuto bikini.

A esas alturas el doctor ya estaba excitado e inquieto pero se controlaba dando seriedad a su caso: algunas veces aunque la persona sea joven se llena de manchas con granos que afectan la piel, pero parece que tu caso no es delicado, sin embargo es mejor cerciorarse de que no tienes ningún brote de mancha en las partes de tu cuerpo que tú no puedes observar, así que ponte boca abajo en el diván.

Sonriente e inquieta, Lorena obedeció y se destacaron sus delicadas y bien diseñadas curvas de su cuerpo. Ahora la tenía como la quería, comenzó suavemente a revisar entre sus cabellos, acercando su rostro a su nuca, y soplando suavemente se agachó a revisarla con suavidad los oídos y murmurando tiernamente eres una joven muy bella, tus oídos son muy bonitos.

Ahora voltéate… boca arriba, ponte cómoda y tranquila, Lorena obedeció se dio la vuelta y fijo la mirada en el techo del consultorio, sintiendo cómo las manos del doctor recorrían su cuerpo desde su cuello, levantando suavemente su corpiño (brasier) y rozando suavemente sus pezones que empezaron a endurecerse.

Las manos del doctor se deslizaron suavemente sobre su abdomen y, sin demostrar ningún interés especial, apretaba suavemente su vulva levantándole suavemente una pierna para agacharse y observarla detenidamente con la lupa.

A esas alturas él y ella tenían ligeros escalofríos y temblores. No quiero que te inquietes, pero observo unas manchas ligeras entre tus piernas y necesito quitarte el bikini para ver si no tienes algo en tu "cosita" que luego se cunda y te de comezón.

Sin que le contestará le dijo: levántate tantito para poder quitártelo y de inmediato deslizo el bikini hasta sacárselo por los pies. Lorena cerró los ojos y dejo que el doctor continuará con su inspección. Hábilmente el doctor comenzó con el pequeño clítoris, apretándolo suavemente con la mano izquierda e introduciendo el dedo índice, en la vagina de Lorena, que a esas alturas empezó a sentir una rica sensación en todo el cuerpo y un tibio calor nervioso en el vientre.

El doctor Juan estaba a punto de tener una eyaculación pero se controló y le dijo: creo que no hay nada de peligro, pero la prueba final sería que si tienes algo me lo contagiaras y al mismo tiempo se te quitaría el temor de tratarme como una persona extraña.

Sin dejar de presionarle el clítoris, le pidió a Lorena que siguiera con los ojos cerrados y que abriera las piernitas.

Ella sabía que pasaría pero su deseo también era fuerte y obedeció. Juan se quitó el pantalón y los calzoncillos y, aún con la camisa y con la seria corbata gris de médico recto y honesto, la penetró con delicadeza, sintiendo aún la resistencia de los anillos y pliegues de su casi virginal sexo.

Lorena se encogía lentamente, pero al final término empujándose hacia arriba, sintiendo que un intenso rayo de placer explotaba en su vientre. Juan terminó también, tembloroso, excitado y gozoso. La paloma ya era suya, sólo le quedaba cuidarla, mimarla, apapacharla y ofrecerle todo lo que ella deseara, para seguir teniéndola.

A partir de ese día, se esmeró en no presionarla mucho y cuidarla con exceso de atenciones y afecto. Le daba dinero para que se arreglara el cabello, se comprara pantalones, blusas y fuera al cine y a fiestas con sus dos hijas que para entonces, ya estaban comprando drogas y pastillas alucinantes a compañeros de escuela.

No sé si Lorena le entraba a la marihuana o pastillas, pero en realidad a la fecha sólo fuma y toma alcohol. Su vicio es tener y cuidar perros, gatos, cotorros y hasta ranas. En realidad tiene un buen corazón, no puede ver a un animal que sufra porque lo adopta, aunque tenga que estar "cogiendo" para comprarles medicinas y alimentos.

Para que sus hijas no se dieran cuenta que tenía relaciones sexuales con su amiga Lorena, empezó a llevarla a moteles y a degenerarla más viendo películas pornográficas y dándole, sin que lo supiera, pastillas de "Giombina" en el regreso para que se pusiera mas "caliente" y le permitiera hacer todo lo que veían en las películas.

La indujo a inyectarse mensualmente para que no se embarazara, él mismo le aplicaba la inyección cuando le tocaba.

Quisiera dejar de seguir contando sobre Lorena y el doctor, pero es que ésta relación para ella fué determinante. El doctor "Juan" también tenía un "hobbie": la fotografía de desnudos con apariencia de modelaje artísticos, aprovechando la vanidad de las jóvenes, que querían conservar una fotografía de su hermoso cuerpo o rostro.

Lorena fue su principal modelo y, en realidad, el "doctor fotógrafo" era bueno para retratar desnudos hermosos desde diferentes ángulos y acercamientos especiales muy sensuales. Conocí las fotos de Lorena, porque ella armó un álbum y una vez que le tiene confianza a alguien, las enseña con verdadero orgullo.

Estas fotos se hicieron famosas entre los doctores de diferentes especialidades y le abrieron las puertas y las piernas a Lorena para que la atendieran, en especial forma y condiciones, sin cobrarle nada, a ella y su mamá.

Esta forma de relación, también la aplicó con astucia entre los "médicos veterinarios" para que le curaran a sus animales, les dieran medicinas y tratamientos sin que le costara nada. Su preferido siempre fue el veterinario más famoso de la localidad, organizador de concursos de perros de raza y maestro de la universidad, que también fue veterinario de un perro mío muy querido, que tuvo que sacrificar por "viejo" ciego y reumático (como yo).

En fin, hasta la fecha, Lorena mantiene muy buenas relaciones con todos los médicos de humanos y animales principalmente, porque dice que ellos si la quieren de a de veras. Y que sólo en los animales ha encontrado verdadero cariño, claro que así pasa, cuando duerme uno con ellos y les da a probar "pastel de tres leches" "mantequilla y mermelada" en medio de las piernas para que luego se acostumbren al sabor del sexo y solo quieran estarlo lamiendo inmediatamente que se suban a la cama.

Tengo que confesar que al principio, no quería acostarme en su cama, donde siempre encontraba echados a sus preferidos: un gran doberman negro de mirada amenazante y larga lengua y a su amiga Esperanza una gran perra "pastor Alemán", que se convirtió con el tiempo en mi gran compañera con habilidades magistrales para lamer y chupar cualquier parte del cuerpo que tuviese mantequilla, mermelada, dulces o chocolates, habilidades que aprendieron sacando dulces del sexo de Lorena. Con el tiempo también aprendieron hacer el amor.

Quizá consideren que me estoy pasando de historias de sexo y perversión, pero llega un momento en que ya no quiere uno creer de lo que son capaces las jóvenes abandonadas, carentes de amor maternal y paternal para sobrevivir a los sueños, ilusiones y deseos de ser protegidas y tener garantizada una seguridad de vida con comida, techo, ropa, cuando menos ya no digamos los anhelos de casarse con un hombre como los que ven en la televisión con residencias, carros, viajes, llenos de poder y aceptación social aunque sean "narcos".

Estas niñas no conocen los valores de orgullo, dignidad, honestidad, responsabilidad porque no saben qué es eso, sólo aprendieron a mentir, engañar, odiar y a darle las nalgas al que les de todo lo que nunca, de los nunca podrían obtener trabajando de sirvientas o empleadas de salario mínimo.

Algunas logran salir adelante, siendo madres solteras porque aprovechan las relaciones de apoyo para superarse mediante el estudio y la superación personal quizá una de cada diez.

Estoy hablando de las que no tuvieron afectos y apoyo familiar, porque existen dos grupos más y quizá mucho mas, que teniendo los recursos económicos fueron mal educadas, por padres que aparentan tener valores pero que no respetan ni a su "madre" y que les vale todo lo malo que sus hijas hagan porque se encuentran con ellas en "discotecas" o reuniones privadas de empresarios o políticos.

Algunas si han sido bien educadas y les han enseñado que no deben abrir las piernitas a cualquier cabrón, menos sin condón; pero desgraciadamente en el trabajo o en la escuela conocen al "muchacho carita", "galán de galanes" que las hipnotiza con su "padre forma" de ser, se enamoran perdidamente de él, hacen los que les digan hasta acostarse con sus amigos bien "motas" o drogadas, sin impórtales que esté casado y con hijos por todos lados digo: "el muchacho muñeco" de sus sueños.

Realización de la imagen vista en las novelas de amor, el mejor atleta, el mejor bailarín, el más audaz etc., etc., aunque sea el más pendejo del mundo. Si quieren ejemplos, les voy a contar algo real, vivido por mí mismo, es una pequeña parte de la historia que Mary está viviendo.

4

Mary

La conocí en navidad, comprando pequeñas tarjetas para dedicación de los regalos de mi familia. Ella me atendió enseñándome las tarjetas de "Noche Buena" y "Santa Claus". La vi pálida, menudita, con grandes ojos y pestañas largas y curvadas hacia unas hermosas cejas negras, boca pequeña de labios delineados, pero con una expresión medrosa y tímida.

Escogí las tarjetas y antes de ir a pagar le pregunté: ¿tienes hambre, verdad? Sí, me dijo: no cené ni he desayunado, apenas estoy empezando a trabajar. Pagué y me pasé al restaurante anexo al negocio, compre una torta especial y un refresco y se lo llevé en una cajita que dan para llevar, llegué hasta donde estaba atendiendo un cliente, esperé a que estuviera sola y se lo di, no me lo quería recibir.

Aquí no puedo comer me dijo, llévatelo al baño o la bodega y te lo comes le dije con firmeza, si no te vas a desmayar. Está bien me dijo: muchas gracias ojalá lo vuelva a ver. Llegó el día de Reyes y de nuevo fui a la tienda (internacional) donde había de todo la busqué. Me miró, sonrió y me fue atender, compré lo que buscaba y le di unos aretes de regalo de "Reyes" y la invité a comer.

Me dijo que sola no salía, que vivía con una amiga en un pequeño cuarto, y que Juanita tenía un niño pero que se lo había dejado a su mamá para poder trabajar. La misma historia de todas las madres solteras. Invítala también a ella le dije, no hay ningún problema, quedamos en que cuando volviera me diría si era posible.

El tiempo transcurrió y no pude regresar porque salí de viaje a Estados Unidos para comprar refacciones que necesitaba para explotar una "gravera", seguí ocupado con mi trabajo y mis relaciones amorosas permanentes. Cambió mi situación mi esposa se fue a México y me quedé más libre y también más solo. Recordé que tenía pendiente una comida con ella y su amiga y la fui a buscar.

Nuevamente se iluminó su rostro, agradecida por mis atenciones y fijamos fecha para el día de su descanso semanal. Como iba acompañada, yo llevé a un amigo del trabajo que también vivía solo en un cuarto de hotel con todas las comodidades: baño, televisión, aire acondicionado y servicio de restaurante de lujo.

Comimos en el restaurante del hotel platicando cada uno su forma de vivir abiertamente, sin mentiras y sin engaños ya que prácticamente todos estábamos solos y cada quien con sus propias angustias, preocupaciones y responsabilidades.

Mi amigo les explico que allí vivía y las invitó al cine pero no aceptaron. Entonces yo les dije: por qué mejor no vemos una película en tu cuarto, al fin que aquí hay "cable". Se vieron una a otra y ante el silencio de Mary, su amiga dijo: está bien, aún es temprano.

Subimos al cuarto, muy cómodo, con mesas, sillas y "refri-bar". Nos acomodamos por separado, mi amigo se estiró en su cama y acomodó una almohada para ver la "tele" después de preparar unas "cubas" con ron para nosotros tres y un refresco para Mary que no sabía tomar ningún licor.

Esta situación se repitió varias veces después de comer, casi cada ocho días. Nació la confianza y el afecto entre todos, mi amigo con Juanita y yo con Mary sin que se intimara más, la pasamos contentos y por comodidad, ellas dos ocupaban la cama y nosotros veíamos las películas sentados tomando "cubas".

Me enteré que Mary estaba anémica y con frecuencia tenía dolores de cabeza. Cuando tuvo tiempo la llevé al médico y la empezó a atender, le compraba sus medicinas y más adelante me enteré que tenía "reglas" muy fuertes y con mucho sangrado.

En realidad no soy buena gente pero la llevé contra su voluntad a ver un "ginecólogo", ella era virgen y no quería que nadie la revisara. La convencí que fuera y nada más que la consultara para que le diera medicinas, porque si no se iba a poner más anémica y podía ponerse grave. El médico la atendió con delicadeza, le mandó a hacerse análisis diferentes y terminó diagnosticando "quistes en los ovarios" que debían ser operados.

Como el mismo médico se dio cuenta de que era una persona de bajos recursos y que yo tenía interés en ayudarla le dijo: yo trabajo también en el hospital "Santa Fe" que atiende a todo el pueblo y puedo operarte pagando nada mas la tarifa establecida por ocupar cama, que es muy cómoda, primero te voy a dar esta receta para regularizar tus hormonas y evitar sangrados excesivos, me vienes a ver cuando las termines y me dices si programamos tu operación, en realidad es muy sencilla y te hará muy bien.

Salió del consultorio, triste, afligida y preocupada. Animo, aquí estoy yo para ayudarte, no te preocupes, todo saldrá bien, te lo digo por experiencia propia, mi esposa, también tenía quistes de joven y por eso no podíamos tener hijos después de muchos años se operó, quedó muy bien y pudimos de inmediato encargar nuestro primer hijo.

Claro que tú y yo no podemos tener hijos porque no estamos casados, se rió y cambió su semblante, pasamos a comprar empanadas para que cenara con su amiga Juanita y de nuevo me fui a pasar otra noche de lluvia y melancolía en mi cuarto.

Mi esposa ya vivía en México con su mamá y hoy no era viernes para pasarla en la "disco" con los amigos borrachos y mis amigas prostitutas, con anhelos de santas.

Creo conveniente hacer una reflexión, antes de continuar con mi relato. No hay duda que la genética, el medio en que se desarrolla y parte de la educación de una persona, determinan su conducta de adulto en forma determinante, sin posibilidades de un cambio y mucho menos, cuando se enamora y se apasiona.

Hay situaciones en que el amor las esclaviza mental y físicamente, y aunque no quisieran que las cosas fueran negativas en su vida, las aceptan como parte de su destino como única justificación y se entregaran a su pensamiento: así nací, así soy y nunca cambiaré.

Lo peor es cuando nos damos cuenta de una relación mala y enfermiza, creemos que la persona lo va a cambiar, y la realidad es que no es posible, cada quien se alimenta de sus propios sentimientos buenos o malos buscando realizarse con el ser que ama y lo único que queda, es aceptar a la persona como ella sea, que la pasión domina a la razón aunque nos lastime, y entonces aceptamos y creamos una coraza para proteger nuestros sentimientos, viviendo entre mentiras, engaños y falsas justificaciones.

Quizá con este criterio ustedes aceptarán los siguientes acontecimientos: cuando conocí a Mary, era virgen, no se dejaba acariciar ni una mano y cualquier sugerencia sobre el amor y el sexo, permanecía callada, como lejana, como si no conociera el tema.

Se hizo costumbre seguir comiendo un día a la semana juntos con mi amigo y Juanita viendo televisión y en algunas ocasiones el "show" que presentaban en el "Ladies- bar" del hotel. Me acostumbré a irla a dejar sola a su cuarto, cuando Juanita se quedaba con Arturo quien había establecido magníficas relaciones amorosas.

No voy a extenderme mucho en detalles, solamente les contaré que Mary se operó, traje a su mamá y hermana para que la acompañaran y todo el tiempo estuve pendiente de su cuidado y de que su familia estuviese bien. Salió muy bien de la operación y para que se distrajera la invité a conocer Acapulco, nos divertimos mucho, le compre ropa especial para el viaje, traje de baños, en las playas le hacían arreglos especiales y le compraba "chucherías de conchas", me sentía feliz junto a ella, dormimos juntos abrazados sin hacer el amor como una de las condiciones previamente aceptada por mí. Después de tres días de pasarla bien, regresamos en avión según el plan o paquete turístico que había pagado.

Regresamos a esta ciudad, le ayudé a conseguir un mejor trabajo y continúe viéndola diariamente comiendo o cenando.

Le compré ropa, la seguí llevando al doctor y los fines de semana le compraba lo que necesitara para llevarla a su casa, a dos horas de la ciudad y mi corazón iba contento con solo verla con sus grandes ojos y boca pequeña delineada.

A veces me permitía llevarla de la mano aunque fuera manejando, como si no se diera cuenta.

Me enamoré, y pensé que ella me correspondería, todo era cuestión de tiempo y paciencia pensaba confiado. Mi trabajo me exigía hacer viajes a México-Poza Rica- Tampico y a la frontera de Estados Unidos.

Un lunes que la fui a buscar en la mañana para desayunar y llevarla al trabajo, la encontré sin hablar, en el trayecto se puso a llorar desconsoladamente, me paré y le dije: ¿qué te pasa?, me violaron fue su respuesta sin ningún preámbulo.

Me quedé aturdido sin saber qué decir, qué hacer. Ella continuó su charla: este sábado, Arturo invito a Juanita a una "disco" y me pidió que los acompañara para no quedarme solita en el cuarto, como yo nunca había ido a una "disco", me dieron ganas de conocer.

Desde que llegué, me sonrió un "chavo" bien parecido, que me dijo al pasar: es la primera vez que veo un ángel en este antro.

Más tarde, estando sentada en una mesita con Arturo y Juanita, cuando todo mundo bailaba "Gloria" la melodía de moda, llegó con su bella sonrisa y figura de vaquero de película a pedirme que bailara con él. No sé bailar le dije casi con desprecio, seriamente.

Insistió diciéndome que él tampoco y que aprenderíamos juntos. Juanita me quedó mirando sonriente y me dijo: ya es tiempo que aprendas, ve a bailar con él, no lo dejes parado, Arturo en esos momentos no estaba. Había ido al baño. Le dije, conste que no sé bailar, no importa me dijo, me tomó de la mano y me llevó a la pista.

Sin seguir el ritmo como lo hacían todos los demás, me deje llevar, me agradó su forma de ser y me estuvo enseñando paso a paso toda la noche, me contó cosas de su vida, su familia y su trabajo con un gran personaje, contratista y empresario, sin dejar de decirme que era la muchacha más bonita que había conocido y que diosito era muy bueno con él por haberme conocido.

Ya era como las dos de la mañana, nos pusimos de acuerdo con Arturo y Juanita de que él me iba a llevar para que conociera donde vivía, pidió dos vasos para llevar lo que estábamos tomando: yo un refresco y él una "cuba de Bacardi".

En el estacionamiento subí a su camioneta, en el camino puso música y le dije que me llevara a "Tierra Colorada", íbamos escuchando música y de repente me dijo: vamos a pasar a una gasolinera porque tengo poca gasolina, me dio mi refresco y tomó su vaso, vamos a brindar por el placer de haberte conocido pero sin trampas hasta el fondo como deben ser los brindis sinceros.

Me tomé mi refresco, él su cuba, mientras nos cargaban gasolina. De inmediato me sentí mareada, seguimos rumbo a la casa, en el camino me dormí y amanecí en un "motel" desnuda junto a él. Sentía un poco de dolor en mi parte fui al baño y me di cuenta que había sangrado y aun no me tocaba mi "regla" y comprendí que ya no era virgen. Me juró que me quería, que el también estaba tomado y que no supo lo que hacía. Lloré, lloré sin volver a hablar, voy a llevarte a tu casa me dijo afligido (aparentemente).

Terminé de vestirme, me paré en la puerta esperando que saliera del baño. Salí temblando por lo acontecido y de inmediato me dió temor que me embarazara, ¿qué iba yo a decirles a mi mamá y a mis hermanos? Seguí llorando en el trayecto y él por consolarme (estúpidamente) me dijo: no llores, no es para tanto, nadie se ha muerto por no ser virgen.

Ahora más que nunca necesitaba protección y le dijo: tranquila, no es la forma ideal de dejar de ser "señorita" pero todo tiene remedio aunque estuvieras embarazada y tuvieras un niño, aquí me tienes para cuidarte y protegerte aunque tú no me quieras. Mas lloré, me tomo de la mano, se reclinó suavemente sobre mi hombro y me dijo: gracias, pensé que ya no me ibas a hacer caso.

Yo nada podía hacer, seguí buscándola en las mañanas para llevarla a su nuevo trabajo, y en las tardes a las seis ya la estaba esperando para comprarle algo de cenar y llevarla a su casa. Algunas veces ya no la encontraba y me decía que la habían enviado a hacer pagos y enviar la mercancía al ADO (exprés). También en las mañanas me quedaba esperándola y ni sus luces.

El dueño del negocio donde trabajaba, era amigo mío y tomábamos café cerca del telégrafo, calle principal (escaleras) para llegar al centro y ya sabía de mi relación platónica con ella. Una tarde que llegué antes de que saliera del trabajo, estábamos, tomando café, cuando me dijo: mira hay va tu inocente niña con su padrote.

Y ciertamente, bajando por las escaleras abrazada de la cintura la llevaba el galán de mezclilla, botas y camisa vaquera, muy en moda en esos tiempos. No sufras dijo mi amigo, las viejas son unas cabronas, nada mas encuentran una "verga" que les asiente y no se desprenden de ella, el ya estaba enterado de todo y sabia que el galán que la acompañaba era el que la había violado. Me enteré con profunda tristeza, desilusión, celos, coraje y me prometí no verla más.

A la mañana siguiente fui de nuevo a esperarla para llevarla al trabajo y al preguntarle por qué no la había encontrado, me dijo que había ido con Juanita al centro porque necesitaba comprar un vestido para una fiesta de una amiga y que iría con Arturo.

Y el maleante que te violó ¿no lo has visto?, le pregunté, viéndola a los ojos que estaban aún más grandes que de costumbre ¡Cómo cree! Ni dios lo mande. Ya basta, le dije tranquilamente, no juegues conmigo, ni me agarres de tu pendejo, yo mismo te vi con el abrazados bajando las escaleras del telégrafo.

Se quedó callada, viendo al frente la dejé que pensara lo que me iba a decir y respondió: no te había dicho nada porque me daba mucha pena lo que estaba haciendo, pero te juro que no era mi intención.

Él fue a mi trabajo porque sabía donde trabajaba, cuando estuvimos en la "disco" se lo conté. Llegó con flores y una tarjeta en donde me pedía perdón y me ofrecía ser mi pareja y reparar cualquier daño porque se había enamorado de mí y estaba arrepentido. Me convenció, me invitó a cenar y nos hicimos novios. Apenas hace una semana.

Y ahora si ya estás cogiendo a gusto, le dije, comprimiendo mi dolor y coraje y conmigo te hiciste la santa tres días en Acapulco. Francamente siempre quiero actuar rectamente y me ven la cara de pendejo.

¿Por qué dices esas palabras, si tú nunca hablas así? Porque estoy que me lleva la chingada. Se quedó callada y agachada, llegamos a su trabajo se bajó, me quedó mirando y me dijo: me da pena porque has sido muy bueno conmigo pero estoy enamorada y no sé qué hacer. Pues quédate con tu maleante y que lo disfrutes mucho. Ese día anduve como perro de la calle, con el mecate (lazo) suelto.

Arrancándome las espinas y lamiéndome las heridas sin saber qué rumbo tomar, porque yo también estaba enamorado y la deseaba con toda el alma. Afortunadamente diosito siempre ha sido muy bueno conmigo cuando pierdo a unas nalgas me regala siempre otras, muy buenas para mitigar mis penas y conocí a Lorena que también me salió puta, joven y más bonita que Mary.

Pero no crean que las relaciones con Mary terminaron. Después de un tiempo de no buscarla ni hablarle, el día de mi cumpleaños me habló por teléfono para felicitarme y decirme que me extrañaba mucho y quería verme. De nuevo se me enredaron todos los sentimientos, mi corazón papaloteo como si estuviera joven, la mujer de mis sueños podía ser una realidad. Aunque iba a estar Lorena, le dije: hoy tengo una fiesta con diferentes amigos, te invito a que vengas. Sí, pero vienes por mi porque no conozco tu casa. No va a ser en mi casa, va a ser en casa de un socio, por tu rumbo, junto a la laguna, yo iré por ti a las ocho de la noche ¿está bien? Si, aquí te espero en la esquina, como siempre.

Tuvimos un fiestón, la casa tenía sala grande, cuatro recamaras, cocina, alberca, jardín y había licor para todos los gustos, carne asada, tacos, tamales, pollo, salchichas, nueces, cacahuates y mota.

Algunos amigos se las tronaban y no importaba, cada quien hacía lo que quería. Lorena, acostumbrada a fiestas y puterías no le importó que llegara una amiga mas, de quien nada sabía, sólo le importaba la competencia.

Mary estaba transformada, llegó con un vestido azul entallado con un gran escote que resaltaba con un hermoso collar y medalla entre sus redondos senos que yo le había regalado. Lorena con el afecto que le tenía a los animales, la trató sonriente y platicadora, quería saber qué relación teníamos; pero Mary le contó que vivía con su pareja y que había llegado sola porque él estaba de viaje.

Acostumbrada Lorena a estas situaciones le dijo: aprovéchate aquí hay muchos rucos con lana y de inmediato se fue a chacotear con otro grupo. Mary no estaba acostumbrada a este ambiente y procuraba estar junto a mi porque la perrada estaba suelta y sólo estaban buscando perra se descuidara para montarla.

Cuantas veces estuvimos solos, platicaba con Mary para saber ¿Cómo le iba? Pues ya habían pasado seis meses sin que la volviera a ver. Me contó que Juanita se había ido a México a vivir con el papá de su niño y que "Roger", su amor de la vida, el maleante, se había ido a vivir con ella y que era un huevón, sin trabajo, mantenido como auténtico padrote, esto no me lo dijo con esas palabras.

Ella me dijo que el pobrecito había perdido su trabajo porque su patrón (un narco a nivel internacional, amigo del gobierno del estado) lo habían ejecutado (ella dijo asaltado, cerca de su rancho) y por este motivo tenia meses comiendo, cogiendo y durmiendo en su casa, sin dar golpe.

Claro, con la muerte del "narco", su chofer, "Roger", estaba involucrado y tenía que desaparecer. También Lorena corría peligro y dejó de trabajar y aquí tenía a su pendejo esperando las nalgas que no había tenido.

Así fue como empecé a disfrutar a Mary. El maleante la había dejado hecha una maestra para la cama y, tratándose de sexo, no había límites: se valía de "tocho morocho". En ese entonces me encargué de nuevo de ella, pagué las rentas del cuarto y de nuevo la protegí y le di todo.

Pero las cosas no mejoraron, un día me habló una persona a mi teléfono. Era "Roger" que quería que fuera al cuarto donde estaba con ella, quería aclarar que tenía yo con ella, y que le devolviera unas fotos de ella que yo tenía, estaba en una fiesta con mi amigo que le había dado trabajo, me recomendó que no fuera, pero yo había tomado varios tequilas y me llene de coraje y valor. Todos los que estaban allí se enteraron de lo que se trataba y una amiga de la fiesta se pegó conmigo para que no fuera solo.

Llegue al cuarto, ella estaba arrinconada en la esquina de la cama encogida y con los ojos llorosos, sobre la mesita donde comían estaba un "revólver 38" y "Roger" parado junto a la cama.

Creí que no tenias huevos y que no ibas a venir, me dijo. Al entrar mi amiga se quedó en la puerta con los ojos abiertos esperando lo peor. Tranquilo, le dije: yo no tengo nada con ella, la conozco porque trabajaba con mi amigo, pero no la he vuelto a ver. ¿Y las fotos que dice que les tomaste?, fueron fotos de navidad en la misma oficina, donde trabajaba y ya se las entregué. ¿Es cierto, le pregunto a ella furioso? Si ya las tengo en la casa de mi mamá.

Se sintió desarmado y me dijo: espero que sea cierto y lo respeto nada más por su edad, agarró la pistola y se la puso en la cintura. Espero que así sea fue todo lo que le dije, me di la vuelta y salí del cuarto con mi amiga, que me tenia agarrado del brazo temblando. Se me hizo largo los dos metros a la puerta, esperando que se arrepintiera y me diera un plomazo por la espalda.

Regresé a la fiesta, agarramos el tema de relajo y me tomé varios tequilas mas, no por el susto, sino por el coraje de saber que el "maleante" había regresado.

Al otro día, recibí una llamada de ella diciéndome: no le hagas caso, es un farolón hablador pero no tiene valor para nada, ya se volvió a ir porque la policía lo anda buscando por varios delitos y demandas de mujeres a quien ha estafado y engañado. Yo te quiero y te necesito, no me abandones.

Nuestras relaciones continuaron y continúan aún a la fecha. El viene una temporada y luego se va a la frontera dizque a trabajar como contratista; pero en realidad es contrabandista y "pollero" es decir pasa indocumentados a Estados Unidos.

Mary y yo nos vemos mínimo cada quince días; pero las cosas cambiaron desde que se embarazó, tuvo que dejar de trabajar de recepcionista en un hotel, cuyo dueño es también amigo mío y que la trataba bien por su eficiencia y buen trato a los clientes.

Como "Roger" también la iba a buscar y se hizo amigo de uno de los hijos del dueño, se me hacía difícil ir por ella cuando estaba sola; pero me hablaba y la esperaba en un estacionamiento comercial cercano.

Cuando nació su niño ya estaba viviendo con su mamá en una ranchería costera y "Rogers" se fue a vivir con ella con el pretexto de estar con su hijo (?), pero más que nada para esconderse una temporada y que lo mantuvieran. Los hermanos de Mary, cansados de tenerlo allí sin hacer nada, le consiguieron trabajo en las "plataformas petroleras", lo cual le permite a Mary 14 días seguidos de estar libre. Ella no es de "cascos ligeros", es más, me consta que solo "Rogers" y yo nos la repartimos.

Como su niño ya cumplió un año y lo bautizaron (yo compré todo), cuando viene lo trae porque no lo puede dejar solo porque es "hiperactivo" y todo lo tira y lo rompe. Aquí en la casa ponemos tapaderas con sillas y levantamos todo para tener sexo.

Pero cada vez es más difícil hacer el amor. Apenas ayer estuvimos juntos en la recámara, ella como ranita y yo por detrás. Habíamos dejado al niño en la sala con juguetes y pusimos una silla para que no pasara a la recámara pero se coló por abajo sin darnos cuenta y de repente me estaba jalando los testículos cuando ya estaba terminando.

Ella lo tomo muy natural, porque con "Rogers" cogen aun estando el niño y dándole su biberón o pecho para que se esté quieto, pero yo me sentí mal, porque no quiero aceptar más depravaciones, la próxima vez aunque se quede sólo en la sala y tire todo, voy a cerrar la puerta para coger con más tranquilidad.

Como ya los puse al corriente de mi relación con Mary, seguiré con mis historias de: perros, gatos, pericos, marranos (nosotros) y todo un zoológico que Lorena tiene que mantener por medio de un ingeniero, un doctor y mi socio contratista.

Mary me acababa de hablar diciéndome que le mande dinero ($200) para que venga, en realidad se los gasta todo porque también le compra leche y pañales a Oscar (su niño), además siempre que viene me deja satisfecho y no importa que le compro toda la despensa que necesite. (En el amor y el sexo debe haber reciprocidad.)

Además hay que tener en cuenta lo que dice un dicho: la nalga es la nalga y cuesta lo que cuesta. En toda relación, afectiva, amorosa o de simple amistad hay que dar para recibir, para que se sostenga y se fortalezca y siempre debe dar más el que más tiene, aunque no sea material (dinero) lo que se dé, pues siempre hay formas afectivas: compañía, sonrisas, caricias, palabras, diálogo, escritos, planes conjuntos de bienestar que proporcionan felicidad sin que cuesten. (¿Quién sabe, lo dudo?)

Algunos psicólogos manejan como positivo las relaciones que se establecen únicamente por amor mutuo o amistad sincera sin ningún interés; pero esto es "utópico", aún en las relaciones familiares como lo son la de los padres con los hijos, la felicidad está de acuerdo a lo que aporten cada uno de ellos: los padres, protección, alimentación, educación, cuidado de la salud, ropa, diversiones y mucho amor.

Los hijos: respeto, estudio, disciplina, orden cumplimiento de sus deberes y mucho amor. Si no se cumple esta equilibrio de yo te doy y tú respondes, las relaciones son negativas y causan infelicidad porque lo "justo" es: Tu ganas-yo gano y ambos somos felices.

Una relación en la que sólo una parte es de bienestar y la otra no aporta nada dentro de sus posibilidades y responsabilidades, tienden al fracaso o bien, mantiene una relación enfermiza, dependiente e infeliz. Todo este proceso de dar y recibir es una inversión de valores espirituales o materiales para comprar felicidad y una relación deja de ser positiva cuando se paga por obtener felicidad y no se tiene, en cuyo caso no es de justicia pagar por una felicidad que no obtenemos.

Claro que existe el otro concepto de "dar sin recibir", pero la humanidad no funciona así siempre se da a quien da y ya es ganancia si no se le quita al que no tiene nada y se lo damos a quien ya tiene, digo lo anterior porque hay algunas parejas tan disparejas que generalmente la mujer recibe palizas y ella da las nalgas y dinero para seguir viviendo con su " Adorado tormento " y él con ropa lavadita y planchadita se va con su "amiguita del alma" a bailar y tomar cheves.

Total, más vale como decía mi papá, en las relaciones amorosas, ni todo el amor, ni todo el dinero. Pero nunca se aprende y cuando viene uno a darse cuenta, uno parece "Reno de santa Claus" por tantos cuernos y pordiosero con las bolsas rotas, mendingando unas nalgas aguadas.

Creo que ya basta de rollo y seguiré contándoles de Lorena.

5

Lorena, Lorena, Lorena…

En la fiesta de mi cumpleaños, esperando que se desocupara una de las recamaras, mientras yo andaba platicando con Mary, se metió con mi socio Joaquín y ya no supe nada de ella porque fui a dejar a Mary a su cuarto, y me quedé con ella casi hasta la madrugada. Llegué a la casa donde se hizo la fiesta y encontré varios cuates bien "pedos", durmiendo en los sillones y las cuatro recámaras ocupadas, se me hizo feo tocar o abrir cada una de ellas y mejor me fui a casa de Lorena donde me esperaban todos los perros, menos ella.

Como a las diez de la mañana, llegó a la casa todavía media peda, quitó al perro que la esperaba en la cama (no yo) y en un instante se quedó dormida.

Como a medio día estábamos comiendo un rico puchero que había hecho su mamá sin hacer ningún comentario. Al otro día salí de viaje a Veracruz y me acompaño como siempre lo hacía, sonriendo, secándome el sudor, de la frente y besándome la mejilla y agarrándome el miembro.

En el camino me comentó: don Joaquín quiere que lo acompañe a la frontera para auxiliarlo con la computadora, ya nada más escuché "puta Dora" y le dije ¿Quién es ella, también va a ir? Solamente voy yo ¿en que estarás pensando? Me quedé pensando que ya una vez en uno de sus viajes de compañía, cuando regresó después de dos meses no le bajaba la regla y tuve que ayudarle a abortar, por lo que tranquilamente le dije, le dices que use "condón" o bien te inyectas antes del viaje.

Estos viajes de ella acompañando a mi socio, siempre nos beneficiaban porque por medio de la gracia y belleza de Lorena, conseguirían buenos contratos y préstamos para realizar los trabajos. En realidad Lorena era un buen gancho para conseguir contratos y no me quedaba más remedio que compartirla, pero cada vez era más difícil porque ya estaba enculado con ella (no quise decir enamorado) porque el amor no se comparte.

Ya que han pasado varios años y seguimos juntos, cuando no viaja conmigo a ver los trabajos de la gravera que ya no funciona, porque toda la maquinaria está acabada y obsoleta y me cuesta más mantenerla que regalarla, pero que me funciona como gancho para posibles negocios y obtención de préstamos con todos los amigos y no amigos a todo lo largo de la República para seguir sosteniéndome en estas ocasiones.

Lorena se queda en Villahermosa para conseguir dinero para sostenerme y sostener a sus animales. Cuando de plano no tenemos ni un centavo su mamá nos da de comer, mientras ella consigue un cliente amigo que la auxilie, afortunadamente conoce a muchos sobre todo a médicos e ingenieros de Pemex.

Desde hace algún tiempo, ya no quiere ni salir de la casa porque se siente muy cansada hasta hacer el amor su vieja obsesión ya no le interesa y eso que apenas tiene 28 años. Ella dice que le duele los ovarios con fuertes punzadas y que se le ha quitado el apetito sexual y se ha retirado de gimnasios y ejercicios de Aerobics que eran su obsesión para mantenerse en forma.

En realidad creo que ambos estamos perdiendo la cordura por carecer de dinero y vivir con sueños irrealizables.

Últimamente mi única esperanza es conseguir socios para la explotación de una mina vieja que según mis observaciones puede contener una enorme veta de oro a unos cuantos metros de donde la dejaron abandonada por improductiva claro que hace muchos años, cuando aún no había ni la maquinaria ni la tecnología actual, a la fecha a pesar de haber tratado de interesar a contratistas y hombres de negocios de la región, los únicos socios seguros con que cuento, son Lorena y el ejidatario dueño de la parcela donde se encuentra la vieja mina.

Mientras tanto seguiré con mi gravera para poder seguir obteniendo préstamos que me permitan aún tener mi camioneta vieja, y cama en casa de Lorena.

No quería terminar de contarles todos estos enredos amorosos, pero después de que Lorena consiguió dinero para ver el ginecólogo y hacerse los análisis correspondientes resultó que su cansancio, malestares estomacales, manchas en la piel, gripa y falta de peso es porque tiene SIDA en proceso de desarrollo al igual que yo y creo que el perro Doberman que tiramos al río, cuyo retrato se encuentra en el "altar del perro", también murió de SIDA ahora solo me queda cosechar lo sembrado: dolor, abandono y muerte.

En la vida no todo es miel sobre hojuelas y según la ley de acción y reacción hay que pagar las deudas contraídas consciente o inconscientemente.

Ojalá exista otra vida donde se pueda purificar el alma y aprendamos el significado del verdadero amor, les agradezco la atención que hayan prestado a estas historias de la vida real.

AUN HAY MÁS: ya había dado por terminada esta historia pensando que no tendría nada interesante que contarles, pero las cosas se complicaron. Después de un largo año de vivir mendingando en casa de la suegra y con Lorena cada vez más delicada con manchas en la piel diarreas y vómitos, con los tratamientos que le han estado aplicando se ha recuperado en un setenta por ciento y de nuevo le entró a la putería para conseguir dinero y en fecha pasada a pesar de haber hecho el sexo con condón, se le quedó adentro de la vagina y quedó embarazada, el sueño máximo de toda su, vida, que por azares del destino no había realizado y ahora aún con las condiciones más negativas se niega a renunciar a ser madre y que ofreció rezos y altar a la "Virgen inmaculada" para que el niño nazca sin ninguna enfermedad. La esperanza siempre muere al último.